島田秀平が
3万人の手相を見てわかった！
「強運」の鍛え方

島田秀平

SB新書
377

運って、何だろう?

目には見えない、不思議なもの。
けれども確実に
上り下りの波がある。

運が強い人もいれば、
そうじゃない人もいる……。

どうしたら、あの人たちみたいに
特別な運の持ち主になれるんだろう？

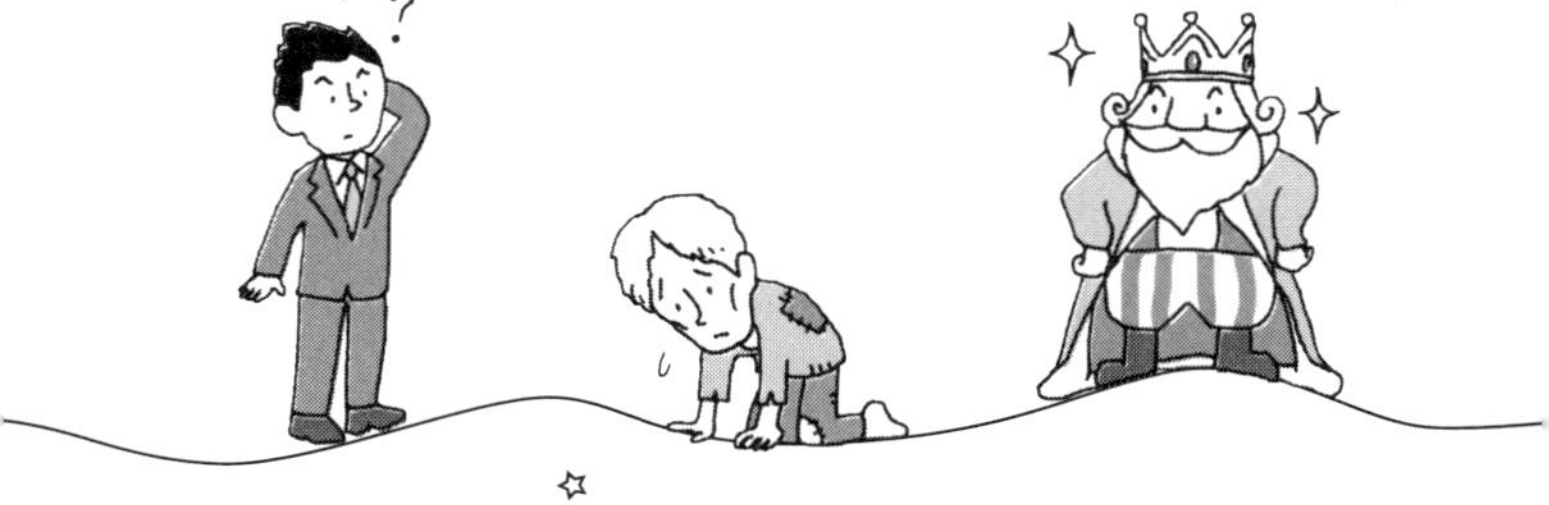

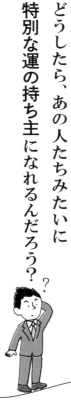

これまで3万人の手相を見てきた僕には、
確実に言えることが一つだけあります。
それは、**運のいい人たちは**、
ある習慣や行動、考え方が
共通しているということ。

あの大物芸能人も
宝くじの高額当選者も
大きな会社の社長さんも
みんなに共通する強運の秘訣。
あなたがうまくいかないのは
それを知らないだけ。

さあ、一緒に、最強運の持ち主が実践している
「強運の鍛え方」を見ていきましょう！

もくじ

1章 「運」って何だろう？

――運気は山あり谷あり、幸運にも不運にも意味がある

2章

「運力《うんりょく》」を鍛える、強くする
——生き方が変わる! 最強の開運術

3章

正しい運の使い方、不運の使い方
――人生は「運の資金繰り」。本気で貯めて、豊かに使う

4章

運は貯めるもの、分けるもの

——「貯運」と「お福分け」のコツ

5章

手相でわかる、自分のトリセツ

――手の平に現れているのは「自分自身」

1章

「運」って何だろう?

――運気は山あり谷あり、幸運にも不運にも意味がある

◉運のいい人に共通する「あること」

ありがたくも、芸能界でも世の中でも「手相芸人・島田秀平」という認知度が高まるにつれて、たくさんの方の手相を見せていただくようになりました。

手相には、その人の「いろいろ」が詰まっていると思います。思考型の手相、直感型の手相、甘えん坊の手相、オタク型の手相……本当にさまざまです。

もちろん、人間は複雑な存在ですし、手相がすべてを物語っているとも言いきれません。でも、やっぱり手相を見せていただくたび、「なるほどなあ」と納得したり、「そういうことか！」と感心したりするのです。

手相って本当におもしろい。まったく関心が尽きることはありません。

そんな僕ですから、「運のいい人に共通する手相ってあるの？」と聞かれることも、よくあります。

たしかに、運のいい人には、ある共通点があります。

ただそれが、じつは手相そのものの共通点ではないのです。

手相（とくに左手の手相）は、どんどん変わっていくものですし、誰もが、いい線も悪い線も持っています。というより、そもそも、どの線にも二面性があり、この線はいい、この線は悪いと一概に決めつけることはできません。それは、その人の個性だからです。

僕は、そのなかから、なるべくいいところを見つけてお伝えするようにしているだけで、「運のいい人に例外なく出ている線」というのは、じつはないのです。

では、何が共通しているのかというと、「◯◯っていう線がありますね。これには、こういういいところがあります」とお伝えしたときの、リアクションです。

はたから見てもわかるほど運がいい人は、「いい相が出ている」と言われたときに、素直に喜んでくれます。

「え、そうなんだ！　やった！　なんかうれしいな〜」

「やっぱり！　自信あったんだー」

と、とても無邪気。

「悪いことじゃなくて、いいことだけ言って。それを信じるから」

なんておっしゃる方もいます。


一方、うまくいってない人はこうおっしゃいます。

「いいことばかり言われても信じられない」

「悪いことだけ言って。気をつけたいから」

このように、いわば「悪いこと」にフォーカスする人ほど、なぜか幸運に恵まれなかったり、不運が続いたりしているように思えます。


一言で言えば、**「いいことだけ信じ、喜ぶ」。これこそが、運のいい人の共通点**ではないのかな、と思います。

手相に限らず、占い全般とのつき合い方が上手とも言えますね。

占いで悪いことを言われても、気にしない。

大事な決断を、占いだけで下したりもしないし、「こうしろ、ああしろ」と、占いがすすめてくることも、気に入ればやってみるけれど、振り回されはしない。

そして、いい内容だけ信じて、いい気分で過ごす。

こんなふうに、**運のいい人ほど、占いとちょうどいい距離感でつき合っているのです。**

いい手相があるから、運がいいのか。運がつくような考え方をしているから、いい手相が現れるのか。

つきつめれば、鶏が先か、卵が先か、という話になってしまいます。

でもたぶん、運がつく考え方をしているから、いい手相が現れる、それを素直に喜ぶから、ますます運がつく。こんな好循環が生まれているというのが、運のいい人の秘密の一つなのです。

◉「運命」とは命を運ぶこと、運のいい人は「行動力」がすごい！

運のいい人には、「いい」と思ったらすぐ行動する、という共通点もあるようです。

僕は手相以外にも、各地のパワースポットや風水にも興味があって、「すごいな」「役立ちそうだな」と思ったことを、共演者の方などにもお伝えしてきました。

「どこどこに、こういうパワースポットがあるんですよ」

「風水的には、こうしたほうがいいと言われているんです」

こんなふうに言うと、たいていの人は「へぇ！　そんな場所があるんだ、行ってみたいな」「へぇ！　そうなんだ、やってみよう」とおっしゃいます。

でも、本当に実行するかというと、すぐにやってみる人と、いつまでもしない人とに分かれるのです。

あくまで僕の印象ですが、「いい」と聞いたことはすぐにやってみる、という人には、周囲から愛されていたり、大きな成功を収めていたりと、幸運に恵まれている人が多いように思います。

なかでも驚いたのが、ふんわりした魅力で、テレビで見かけない日がないほど大人気の女性タレントSさんです。

東京都にある明治神宮に「清正井（清正の井戸）」という、今ではとても有名なパワースポットがあります。

これがまだあまり知られていない頃、たまたま収録でご一緒したSさんに、「『清正の井戸』っていうパワースポットがあるんですよ」とお話ししたことがあります。「しかも、朝早くにお参りすると、とてもいいらしいんです」ともお伝えしました。

Sさんは「私、パワースポットとか大好きなんです！　行きたいな。絶対行こう～」と、すごく喜んでくださいました。

「命」を「運ぶ」ことで、幸運に出会える

こんなやり取りがあった翌日か翌々日のこと。Sさんが、ある生番組にゲスト出演されていました。

「あ、Sさんだ」と思って見ていたら、なんと、こうおっしゃったのです。

「じつは今日、ここに来る前にお母さんと一緒に早起きして『清正の井戸』っていうパワースポットに行ってきたんです～」

びっくりしました。

とくにSさんといえば、飛ぶ鳥を落とす勢いの人気で、各局のバラエティに引っ張りダコ。ろくに休みが取れないくらいお忙しそうで、朝なんて5分

でも10分でも長く寝ていたいだろうに……。

やっぱり売れる人というのは、行動力がすごいな、と改めて思わされました。

パワースポットをお伝えして、後日「そういえば、あそこ行きました?」と尋ねると、「いや～、バタバタしていてなかなか行けなくて! 行きたいんだけどね～」なんておっしゃる人もいますが、Sさんほど忙しい人は稀でしょう。

要は、「暇ができたら実行する」ではなく、「忙しくても時間を作って実行する」。

パワースポットに行くことは単なる一例で、すべてにおいて、**「すぐ、やってみる」「いいと思ったら、すぐに試してみる」という行動力が、運を引き寄せる**のでしょう。

そういえば、「命を運ぶ」と書いて「運命」とも言いますよね。

やはり**「運」とは、じっとしていても巡ってこないもの。**フットワーク軽く行動する、**自分の「命」をあちこちへと「運ぶ」ことで、有形無形のご縁がつながり、幸運に恵まれる**のです。

●運のいい人は、何事も引きずらない。「切り替え」も早い！

悪いことがあっても、失敗しても、クヨクヨし続けない。

これも、運のいい人の共通点かもしれません。

行動の早さとも関連しますが、さっと気持ちを切り替えて次に向かうことができるということです。

そしてこれは、「自分の運を信じること」、ひいては「謙虚さ」と表裏一体ではないか、とも思うのです。

失敗したときに、クヨクヨ悩み続けるのは、一つには、「自分の努力が足りなかった」「自分の能力が及ばなかった」という自責の念があるからでしょう。

これこそ一見、謙虚なようですが、裏側には「自分の力だけでやっている」という考えもあるように思います。自分の力だけを信じてやっているから、失敗したときに、とりわけ自責の念にかられるのではないか、と思うのです。

その点、運を信じている人には、いつもどこかに「運のおかげ」という考えがあります。

みずから努力もしつつ、一面では自分の力を超えたもの、たとえば不思議な巡り合わせのおかげ、人様のおかげ……こうしたものに助けられている、という謙虚な姿勢。だから、失敗したとしても「今回は、運がなかったな」「今回は、巡り合わせが悪かったな」と、ある意味、割り切ることができるのではないでしょうか。

人に対しても、同様です。

がんばったのに失敗してしまった人に対して「お前の努力が足りなかったんだ」と一方的に責めるのではなく、「がんばったけど、今回は運がなかったね」と寛大に接することができます。

そして、そういう人ほど人望が厚くなり、サポートしてくれる人が周りに集まってくる。結果、ご縁に恵まれ、成功を収めていく。そうなると、ますます運への有り難みが増し、謙虚にがんばれる……。

このように、**運を信じればこそ、何事も引きずらない、気持ちの切り替えが早いというシンプルな姿勢が、じつは、より大きな幸運、より大きな成功へとつながる**場合も多いのではないかと思うのです。

失敗したら反省して、何かしら学習したほうが成長できるでしょうし、ときには、人に対して反省を促す厳しさも必要でしょう。

ただ、世の中には一個人の力だけではどうにもならないことも多いものです。

それに、ひたすら自分を責め、人を責め続けていても、前に進むことはできません。

そんななかで、「運」というものを信じ、うまくいかなかったときには「運がなかったな」とスッキリ切り替える。そして気持ち新たに行動していくことが、また別の運を引き寄せてくれる。

やはり、切り替えの早い人ほど、幸運に恵まれやすいのです。

◉宝くじの高額当選者がやっている「四つの習慣」

仕事柄、宝くじの高額当選者の方々とお話しさせていただくチャンスもあります。

当人同士は、住んでいる場所も年齢も仕事もバラバラの赤の他人ですが、不思議なことに、**高額当選者の方々には四つほど共通している習慣がある**のです。

その四つとは……

（1）宝くじを買う前日には、酒を断って肉を食べる。

（2）宝くじを午前中に買う。

（3）宝くじを縁起のいいお金で買う。

（4）ゴミを拾いながら宝くじを買いに行き、買ったあとも売り場の周囲を一周してゴミを拾う。

単なるゲン担ぎとも取れますが、高額当選者に共通することとなれば、何か理由があるのかなと思いますよね。そこで僕なりに解釈してみました。

まず「前日には酒を断ち、肉を食べる」というのは、どうでしょう。

お酒はいい気分になれる反面、心身を鈍らせます。一方、肉はパワーを高めてくれるスタミナ食であり、野性的な本能を呼び起こすと考えられます。

まとめれば、酒を断ち肉を食べるという習慣は、宝くじを買う翌日に備えて、動物としての人間が本来持っている感覚を研ぎ澄ます、という意味合いがありそうです。

次の「午前中に行く」というのは、新しい一日の始まりである朝は空気が澄んでいて、直感が冴え渡っているからだと思います。

朝から昼、昼から夜へと活動時間が長くなるほど、心身に疲れがたまります。雑事や人との交渉などで揉まれるうちに、疲労感だけでなくマイナス感情や欲などの「穢《けが》れ」がつくといってもいいでしょう。

宝くじの番号はランダムに割り振られており、番号選びに自分の直感を使うわけではありません。ただ、穢れが溜まりきった夜よりは、身も心も頭もすっきりしている

ウキウキ、ワクワク　楽しんでやってみる

朝に買ったほうが運はつきやすい、と考えれば納得できます。

さらに、「縁起のいいお金で買う」という習慣からは、「幸運には幸運が引き寄せられる」という運のメカニズムがうかがわれます。

前回の宝くじで当たったお金や、コンテストなどの賞金、あるいは目上の人からいただいたお小遣いや、ご祝儀などもいいですね。

そして最後の「ゴミ拾い」。これも運のメカニズムと関係しています。

あとでもお話ししますが、運のいい人は「徳」を積んでいるもの。ゴミ拾

いやトイレそうじなど、人がやりたがらないことを率先してやると「徳」が積まれ、運がつくのです。

宝くじの高額当選者の方々は、道中のゴミ拾いを通じて自分の心をきれいにする、言い換えれば、「徳」を高めることでも、運を呼び寄せているのでしょう。

いかがでしょう？　この四つを実践したら100パーセント当たる！とは残念ながら断言できませんが、これらが高額当選者の共通点であることはたしかです。

実践して1パーセントでも2パーセントでも確率が高まったと思えたら、なんだか気分がいいですよね。

「これで当たるはず」「当たらなかったらどうしよう」なんて目を血走らせるのではなく、**まず気楽に楽しく実践してみて**はいかがでしょう。

そして当選の発表日まで「当たったらいいな～」なんて**ウキウキ、ワクワク過ごすこともまた、宝くじの当選のみならず、幸運を引き寄せる心構え**だと思います。

ちなみに、よく当たる方は、たくさん宝くじを買っているわけではなく、通しで10枚、バラで10枚の合計20枚の買い方をしているのが特徴です。

◉「運」は「徳」と「行動力」でできている

「運」とは、偶然に巡ってくるようで、じつは必然的なものなのかもしれません。

なぜか運がいい人、ベストタイミングでご縁に恵まれる人というのは、知ってか知らずか、そうなるように生きているのではないでしょうか。では、その必然性の源が何かというと、僕は「徳」と「行動力」ではないかな、と思っています。

すでにお伝えしたように、運のいい人ほど、「いい」と思ったことは、すぐに実行します。「運」は「運ぶ」、つまり、体を運ぶ、行動を伴うことで、運を引き寄せている、とも言えるでしょう。

幸運は、おそらく、じっとしていてもやってきません。だから僕は、よく「運気がいいときこそ、どんどん外に出て、人と会ったほうがいいですよ」ともお話しします。

たとえば、「恋愛運が高まってるモテ期って言われたらから、いい出会いを待っているのに、ぜんぜん来ない」なんていうことも、言ってしまえば本末転倒です。

幸運は、自分が動いて、つかみに行かなくては！　運気がいいからといって、ただ幸運が降って湧いてくるのを待っていたら、つかめる運も逃してしまうのです。これが一番もったいないモテ期のムダ使いになります。

さて、もう一つの「徳」というのは、一言で言えば、人がやりたがらないこと、人のためになることを、率先してすると積まれるものです。

トイレそうじやゴミ拾いなど、みずから起こす行動もある一方、

「なぜか自分の番でトイレットペーパーが終わり、交換することが多い」

「なぜか電車で座れても目の前にお年寄りや妊婦さんが立ち、譲ることが多い」

「なぜか道をよく聞かれる」

などなど、いわば不可抗力のものも「徳」と言えます。

僕たちは、つい「損得勘定」で考えてしまいがちです。

だから、「徳」ではなく「得」を優先させるのは良くない、なんてこともよく言われ

ますが、「得」＝「得意」「得手」などと考えれば、「得」は「徳」であり、「徳」は「得」である、と考えてもいいと思います。この二つはコインの表裏のようなもので、明確な違いなど、じつはないのでは、と思うのです。人のためになるという「徳」が、いずれ「得」にもつながってくる。まさに「情けは人の為ならず」。と同時に、自分の「得意」「得手」とすることを通じ、自然と「徳」も積まれるということです。

成功している人で、よく「私なんて、運がよかっただけです」と謙遜する人もいます。もしかしたら、あなたもそうかもしれません。でも、それも「自分自身が徳を積んで、行動してきたから」と考えたらいいと思います。

「ここまで来られたのは自分の力だけではないけれど、運を呼び込んだのは自分の徳と行動力なんだ」。運というものを信じ、周囲への感謝を忘れないことから、「人様のおかげ」という気持ちが生まれます。

そして、「そんな人様のおかげを引き寄せた、自分のおかげ」で、今がある。こういう、**謙虚さと自信の絶妙なバランスのある人が、本当に運のいい人**なのです。

◉「ノリ」と「自信」が幸運を引き寄せる！

次々と仕事が舞い込み、次々と成功を収めている人を「乗りに乗っている」なんていいますよね。その言葉どおり「乗り」は「ノリ」、「運のよさ」は「ノリのよさ」と大きく関係しているのかな、とも思います。

ノリのいい人って、何かおもしろそうなことがあると、すぐに「いいね、いいね」とか「やろう、やろう」と乗ってきます。今までお話ししてきたフットワークの軽さ、行動の早さも、要するに「ノリがいい」ということです。

では「自信」って何かというと、僕は、「自分を知っていること」ではないかと思います。

よく「自信がないんです」という人がいますが、それは、言い換えれば「自分を知らない」ということではないでしょうか。

もっと言えば、自分は何が得意で何が不得意か、何が好きで何が嫌いか、どういうことをしたくて、どういうことはしたくないのか……。こういう「自分の実像」がわからないから、自分を好きになれない、だから自信が持てない。

逆に、いい面も悪い面も含めて自分で自分がわかっていると、「じゃあ、こういうことをしよう」「じゃあ、こういう選択をしよう」と確信を持って考えられ、それが結果的に自信というものにつながるのではないか、と思うのです。

ですから、「自信がない」という人は、むやみに能力やスキルアップを目指す前に、まず「私は○○です」というのを10個くらい書き出してみる、というのもいいかもしれません。

一方、自信には「根拠のない自信」というのもあります。

「よくわからないけど、自分は運がいい気がする」

「なんでかわからないけど、うまくいく気がする」

これもまた、運を引き寄せる自信の一形態だと思います。

さっきの「自信のある人は、自分を知っている人」という話と矛盾するようですが、じつは根っこは同じ。なぜなら、自分のことがわかっていなくて、自分を好きでもなければ、そんな自信を持てるはずがないと思うからです。

「根拠がない」ようでいて、じつはベースのところで「自分がわかっていて、自分が好き」という根拠がある、と言えるのです。

というわけで、僕が考える**「運のいい人の条件」とは、2つです。**

「ノリがよい」ことと**「自信がある」**こと。

「なんじゃそりゃ?」と言われそうなくらい、シンプルな結論ですね。

でも、今までお話ししてきた「行動力」や「徳を積むこと」なども、すべては「ノリ」と「自信」が源なのではないかと思います。

ノリがいいと即座に行動できる、自信があれば「徳」を積む余裕もあるし、「得意」なことだって自信があるからできる。自信を持ってノッていくほど、運がついていくのです。

◉運の悪い人に共通する「いろんなこと」

逆に、運の悪い人には、どんな共通点があるでしょう。

人生には幸運も不運もあるもので、どんなに運のいい人でも、ときには不運に見舞われます。

そもそも、「幸運がいいもの」で「不運が悪いもの」と決めつけることもできません。「もう！　運が悪いな」と思っても、それが「徳」となり、結果、幸運につながる場合もあると考えられるからです。

ただ、日々の行ないによって、自分でわざわざ運を下げてしまっているとしたら、ちょっと残念ですよね。

自分で運を下げてしまう習慣。その筆頭は、「愚痴」や「悪口」です。

何かしら気に入らないことばかりで、いつもブツブツ文句を言っている。そういう人は、周囲の人から敬遠されがちですが、運も同じ。愚痴っぽい人には、幸運も寄り付きたくないのです。

こんな話をしていたら、僕のマネージャーが、興味深い例をあげてくれました。マネージャーの重要な仕事の一つに、担当タレントの仕事のスケジューリングがあります。

彼も、つねに僕を含めた何人かのタレントのスケジュールを動かしていますが、不思議と、忙しくても、空いている日時にちょうどよくオファーが入る人と、ぜんぜん忙しくないのに、なぜかオファーの日時が重なってしまう人がいるそうです。

興味深いのは、ここからです。

スケジュールはガラ空きなのにオファーが重なってしまって、どちらかを断らなくてはいけなくなるのは、たいてい「愚痴っぽい人」「悪口が多い人」だというのです。

反対に、忙しくても、空いている日時にちょうどよくオファーが入るのは、基本的に文句も悪口も言わず、楽しく仕事をする人。予定が組みやすいうえに、「ここは休みたい」という日にはオファーが入らない、という不思議もあると言います。

マネージャー同士でも、そういう話をよく聞くそうですから、かなり普遍的な傾向なのでしょう。

愚痴っぽい人、悪口を言う人ほど、すんなりと物事が進まない。だから余計に愚痴っぽくなって、ますます運を下げてしまう。

一方、文句を言わず、つねに前向きな人は、パチパチとパズルがはまるように、物事がうまく進む。だから、ますます前向きになり、人にも感謝し、また幸運と良縁に恵まれていく。

芸能界だけでなく、きっとどこでも、似たようなことが起こっているに違いありません。**運は人と同じで「明るい人」「楽しい人」が好き。**やはり、いつでも「前向きな心」に、幸運は訪れやすいのです。

◉「最悪！」のあとには「最高！」がくるもの。だから大丈夫

運気には、上がったり下がったりの波があります。

「禍福《かふく》は糾《あざな》える縄の如《ごと》し」とも言うように、災いと幸福は、どちらとも永遠に続くものではなく、交互にやってくるもの。「最悪！」と思えることがあっても、そのあとには、必ず「最高！」の波がやってくる、ということです。

その証拠（？）とも言うべきか、占い師は、たいてい、運がいい人には「長くは続きませんよ」と言い、運が悪い人には「いずれ運気が上がりますよ」と言います。

これは当たり前のことなのですが、そう言っておけば占いの的中率は100パーセントになるからです。運気が上がったり下がったりするのは自然の摂理です。

そう考えるだけでも、ちょっと気が軽くなりませんか？

もっと言えば、運気の上昇期にも低迷期にも、意味があります。

朝には朝の、夜には夜の役割があり、それぞれに適した過ごし方があります。

それと同様、運の上昇期と低迷期、それぞれに意味があり、ふさわしい過ごし方があります。運は上がっていればいいというわけではなく、下がっているときも、長い目で見れば、大切な時期と言えるのです。

占いで「運気が下がっている」なんて言われても、どうしたらいいかわかりませんよね。「せいぜい悪いことが起こらないように、気をつけよう」というくらいではないでしょうか。

でも、運気が下がることにも意味があると思えば、低迷期にあっても、もっと前向きに過ごせるはずです。

そして、さっきも「幸運は前向きな心にやってくる」といったように、**低迷期で、一見不運なことが続いても、腐らずに前向きに過ごすことが大事**。そうしてこそ、いざ運気が上向きになったときに、より大きな幸運がもたらされるのです。

◉運の上昇期は「アウトプット期」、低迷期は「インプット期」

では、運気の上昇期と低迷期の意味とは、いったい何でしょう?

それぞれの時期を、僕たちはどのように過ごしたらいいのでしょうか。

一言で言えば、運気の上昇期は「アウトプットの時期」、低迷期は「インプットの時期」だと思います。

前にも、運気が上がっているときは積極的に行動したほうがいい、と言いました。

そのとおり、運気が上向きのときは、どんどん外に出て、人と出会い、スキルや知識など自分が培ってきたものをアウトプットすると、人生が大きく花開きます。

ただ、外に向かってアウトプットするばかりでは、いずれ自分の内面がすり減っていってしまいます。楽しいことは楽しいけれど、もっと成長するための時間が持てません。いわば貯金を少しずつ使っていっている感じです。

僕ら芸人も、たとえば下積み20年などでやっと売れ始め、書き溜めたネタを出し続けていると、楽しい反面、だんだん不安になってきます。実際、「新しいネタを考えたいけれど、時間がない」という同業者も少なくありません。

人には、じっくり自分自身と向き合って、さらに自分を磨き上げる時期も必要。それこそが、運気の低迷期、インプットの時期なのです。

運気の低迷を避けることは、おそらく誰にもできませんし、今も言ったように、低迷期にも意味があります。インプットすることで、より成長できる時期なのですから、何もネガティブにとらえることはないのです。

そこで大事になるのが、下がっている運気をガクーンと余計に下げてしまわないよう、前向きに過ごすこと。**「最近、ついてないな」「うまくいかないな」というときは、決して腐らず、焦らず、自分自身と向き合うこと**です。

「今はインプットの時期なんだ」「そのうち運が上向きになる、今はその準備期間なんだ」と思って、鍛錬を積みつつ、弱点克服や新しい知識を得るときとして、過ごしてみてください。

◉自分の「運気のバイオリズム」がわかる数秘術

運気は上がったり下がったりするものだとしたら、自分の運気がいつ上がって、いつ下がるのか、知りたいと思いませんか？

そこでぜひご紹介したいのが「数秘術」です。

数秘術とは、簡単に言えば、生年月日から算出される数から、性格や運命を占うというもの。というとオカルトっぽく思われるかもしれませんが、手相同様、膨大なデータによって確立されてきた手法です。統計的なものなのです。

ここで紹介するのは、ちょっとした計算で「自分の今年のテーマ」を割り出す方法です。これで、運の上昇期と低迷期もわかります。

まず、今年の西暦と、自分の生まれた月と日を横に並べて、左から足していってください。

ここで出た答えの十の位と一の位の数を足すと、1〜9の一ケタの数字になります（二ケタになった方は、一ケタになるまで足し算してください）。

たとえば、2017年のことを占う場合は、僕は12月5日生まれなので、僕の場合は「2＋0＋1＋7＋1＋2＋5＝18」となり、「1＋8＝9」となります。

この最後に出た一ケタの数字が、今年の自分のテーマを表しているのです。

1〜9の数字がそれぞれ何を表すかは、次のとおり。


1……スタート、種まきの年。何か新しいことを！

2……出会いの年、人脈づくりの年。人との交流を楽しんで！

3……花開く、楽しみきる年。クヨクヨ考えず、人生を謳歌して！

4……地盤固め、基礎づくりの年。自分の武器を見つめ直して！

5……転機、新たなチャレンジの年。新しい世界へ飛び込む勇気を！

6……自己犠牲、人に尽くす年。自分を後回しにしても人のために動きましょう。

7……自己投資、勉強の年。弱点を克服しましょう。習いごとや資格取得に時間を費やしましょう。

8……自然体でうまく行く成功の年。流れに身をまかせて！

9……けじめ、集大成、一区切りの年。次の人生への準備を！


こうして並べると、一つの、ごく自然な流れが見て取れると思います。

1の年に種をまき、2の年に人と出会うことで育ち、3の年にいったん花開く。3の年は、言い換えれば運気の上昇期、「アウトプットの時期」です。

すると次の4の年には、また足元を見直して地盤を固める「インプットの時期」が訪れ、そのうえで5の年に新たなチャレンジをする。

そして、6の年には、多少の損を被ることも承知で人のために働く。6の年は、周囲の人から「あいつに助けられたな」という恩を売る、いわば「人貯金」をする年とも言えます。

そして、7の年にはまた自分に立ち返って自己投資、資格をとったり、習いごとをしたりして、その結果、8の年には過去7年がすべて報われて成功し、最後の9の年

今年のテーマがわかる「数秘術」

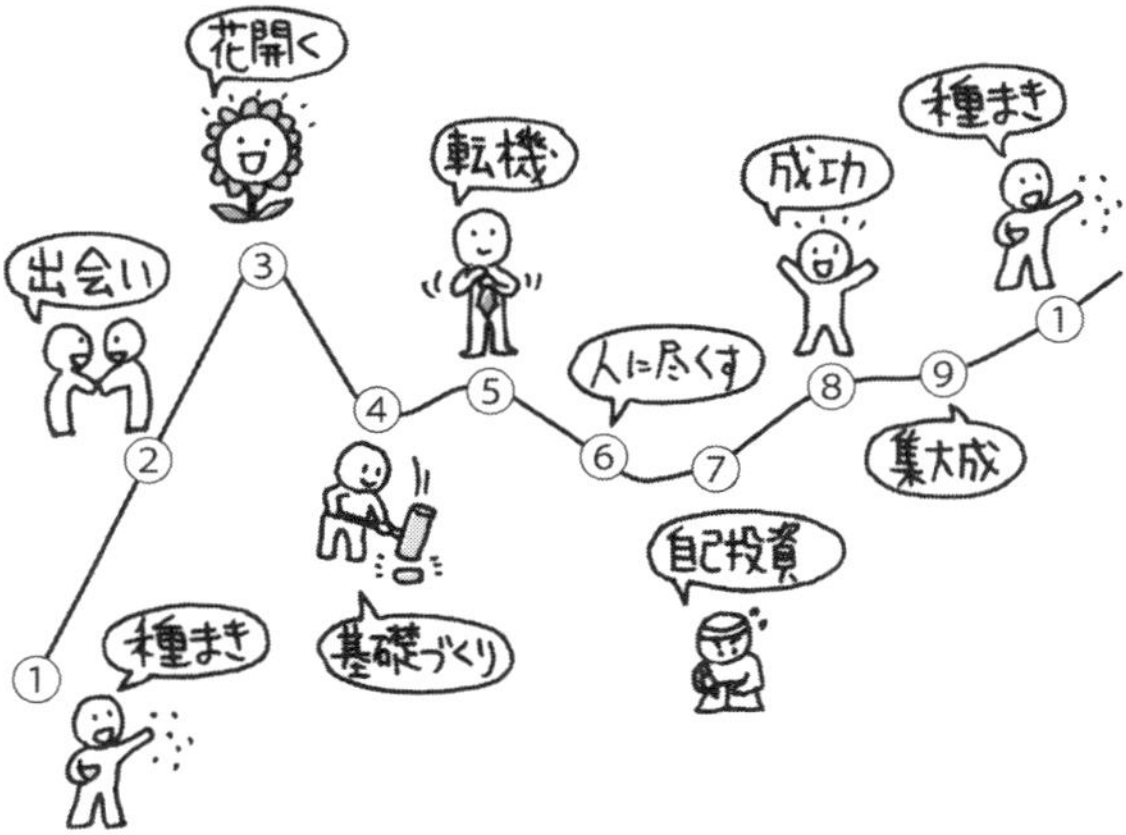

に、一つの集大成ができる。そしてまた、種まきの1に戻る……というわけです。

ちなみに、9の年には「けじめ」の意味もあり、今まで積み上げてきたもののなかから、本当にやりたいこと、本当に必要な人、といった取捨選択を迫られる年でもあります。

すべて抱えたままでは身が重すぎて、1で新たなスタートを切ることはできませんからね。

運気の上昇、下降でいえば、1の年から徐々に上がって3の年に一定のピークに達し、4の年にいったん下がって5で上がる。

そして6の年、7の年と緩やかに下がって8の年に向けて徐々に上昇。9の年はやや落ち着き、また1に戻る、という感じでしょうか。

ざっくり、こんな運気のサイクルで人生は巡っていると考えてみてください。

このように「今年のテーマ」がわかると、「今年の過ごし方」の一つの指針になると思います。

たとえば、計算結果が「2」だったら、「出会いの年だから、どんどん外に出て人に出会おう」、「3」なら「花開く年だから、チャンスはどんどん取りに行こう」、あるいは「4」なら「ちょっと落ち着いて、自分を見つめ直そう」……という感じです。

僕の場合、2017年は「9」ですから、これまでの集大成の年。次の人生への準備として「猫ちゃんの手相ならぬ『肉球』占い」の研究でもしようかな……(笑)。

という冗談はさておき、数秘術のいいところは、運気の上昇期と低迷期を、「ポジティブ」「ネガティブ」という物差しではなく、「その年のテーマ、持つべき心構え」という物差しでとらえているところです。

「今年は運気が低迷する年」とだけ知っても何もおもしろくありませんし、何一つうまくいかない気がしてきて、落ち込んでしまいますよね。

　実際に何か不運に見舞われた日には「やっぱり、今年は運気が悪いんだ」と、さらに気持ちが腐ってしまうでしょう。

　でも、いったん下がった運気は、次には必ず上がるようにできています。数秘術でも、そういう流れになっています。

　しかも、そこに「今年のテーマ」が込められていると思えば、「そのつもり」で過ごすことができるはず。なかなかうまくいかなくても、「今年のテーマだから仕方ない、これにも意味がある」と思って、大らかに過ごすことができるでしょう。

　そして、繰り返し述べてきたように、幸運は「前向きな心」が大好き。**何より低迷期にあっても「テーマ」を見出し、大らかにポジティブに過ごすことが、いずれ訪れる幸運を、より大きくしてくれる**のです。

2章

「運力《うんりょく》」を鍛える、強くする

——生き方が変わる！ 最強の開運術

◉知力、体力と同じように「運力」は鍛えられる

運命には逆らえない。

いいこと、悪いこと、起こるも起こらないも運任せ。

こういうイメージが強いかもしれませんが、いえいえ、そんなことはありません。

前章でも「運がいい人の共通点」などお話ししましたが、じつは、運とは何より自分任せ。しかも、運とは無意識のうちに高まるものではなく、意識的に高めることもできます。

勉強や経験を積めば知力がつき、筋トレやジョギングをすれば体力がつく、というのと同じように、運の力も自分で鍛えることができるのです。

すでにお話ししたように、運気には年ごと、あるいは数年ごとのバイオリズムがあ

運は、意識して高めることができる

り、その大きな流れに抗《あらが》うことは、おそらくできません。

ただ、そんな流れのなかでも、**より大きな幸運、数多く幸運をつかめるかどうか、あるいはより小さな不運、数少ない不運で抑えられるかどうかは、多分に「日々の過ごし方」「ものの見方・考え方」にかかっている**と思うのです。

これもすでにお話ししましたが、不運のすべてが悪とは限りません。

闇夜を知っているから、朝日がありがたく思えるように、不運があるから、幸運にも気づくことができる。たとえばこういう考え方をするのも、運力を鍛える一つの方法です。

どんな状況や環境に置かれても、腐らず前向きに取り組むということです。

そうは言っても、「運が悪いな」と思うことが続いては、人間、どうしても気持ちが腐ってしまいます。「前向きに」と言われたって、だんだん落ちていく気分を止めるのは、やっぱり難しいものです。

ただ、ポジティブとネガティブの境界線って、意外とちょっとしたこと。ほんの一つ視点を変えるだけで人生全体の見方が変わり、グイッと気分を、そして運気をも、持ち上げることはできると思うのです。

こう言うと大げさかもしれませんが、**運の力は生き方次第**。実際、今まで多くの方と接してきて、そう思わされることがたくさんありました。

これから、僕の見聞も交えつつ、そんな運力を鍛える秘訣をお伝えしていきたいと思います。

◉ないものを数えるのではなく、「今、手元にあるもの」を数える

大阪の堀越《ほりこし》神社という神社に、「ひと夢祈願」というお守りがあります。

その名のとおり、何でも一つだけ夢を叶えてくれるというお守りで、堀越神社発行の短冊に、一生に一度のお願い事を記入します。

あるとき、テレビ番組の収録で、数名のタレントさんたちと一緒に、その「ひと夢祈願」をする機会がありました。

叶えてくれる夢は、たった一つだけ。さて、あなただったら、何を願いますか？

収録でも、みなさん、悩みに悩んでいました。

「お金持ちになりたいけど、それだけ叶っても一人ぼっちじゃ寂しい」

「大きな家がほしいけど、そこで家族の仲が悪かったら意味がない」

「結婚したいけど、それだけ叶っても、お金がなかったら暮らせない」

そう、「必ず叶う」と言われても、それが「一つだけ」となると、案外、迷ってしまうものなのです。みんな自分が本当に願っていることが何なのか、わかっているようで、わかっていなかった、とも言えますね。

で、結局、どんな願い事に落ち着いたかというと……、

「家族みんなが健康でありますように」

「大切な人たちとずっと仲良く、笑顔で暮らせますように」

などなど、ごく基本的なこと。そうなったら、みなさんが口を揃えて言いました。

「あれ？ これって、もう叶ってるんじゃない？」と。

僕が思うに、この「ひと夢祈願」のお守りは、「一つだけ願いを叶えてあげる」と言いながら、「一番欲しいものは、すでに手にしているんだよ」と教えてくれるものでもあったのです。

僕たちは、普段から「あれが欲しい」「これが欲しい」「こうなりたい」「ああなりたい」と、たくさんの願望を抱いています。それが仕事をがんばるモチベーションにな

ったり、生活に潤いや刺激を与えてくれたりもします。

ただ、「あれがない」「これがない」「ああなれない」「こうなれない」——だから不幸だ、不運だ、と思ったら、それは大きな勘違いなのではないでしょうか。

僕たちは、すでに一番大切なものを持っている。日々、湧き上がる願望は、その土台の上に、あくまで「人生のオプション」としてあるだけだと思うのです。

願望が叶おうが叶うまいが、幸・不幸には関係ない。だって、**一番の幸せの源は、もう、すでに持っている**のだから。そんなことを、「ひと夢祈願」の収録で感じました。

ないものを数えるのをいったんやめて、まず「今、手元にあるもの」を数えてみる。

すると、たいていは「あれ？ 意外とたくさん持ってるじゃん」となるはずです。

それこそが、今の自分の「強み」「武器」、もっと言えば、「幸運の元」と言えるものです。そうしたものに支えられて、今の自分も、これからの自分も、作られる。

そう考えてみたら、一瞬で目先がちょっと明るくなって、「人生、そんなに悪くないな」と思えるでしょう。これも、運の力を鍛える一つの考え方なのです。

◉人は「欲しいもの」は手に入らないけれど、「必要なもの」は手に入る

欲しいものが手に入らないと、誰でも落ち込みますよね。

でも、それがじつは「自分に必要なものでなかった」としたら、どうでしょう？

「欲しい気持ち」「欲しかったのに得られなくて悔しい気持ち」は、一気にトーンダウンするのではないでしょうか。

人は、「欲しいもの」は手に入らないけれど、「必要なもの」は手に入る。

これは、ある恩人から言われた言葉です。ものは言いよう、と思われたかもしれませんが、それ以上に、この言葉は「真実」を表していると思います。

今の自分は、過去の蓄積の結果。思い起こせば、あのときのあの出来事、あの出会い、あの一言……過去のすべてが、今の自分を作っているわけです。

ということは、こうも言えるでしょう。

それらすべてが、今の自分を作るために必要なものだったんだ。逆に言えば、今まで得てこなかったものは、今の自分を作るために必要ないものだったんだ、と。


たとえば僕は、ずっと漫才コンビでした。お笑いで名を上げたいと思ってきたけれど、どうしてもうまくいかず、あえなくコンビ解散。自分一人では無理だと思い、もう芸人を辞めようと考えたこともあります。

でも、今はこうして「手相芸人の島田秀平」として、何とか芸能界でやっている。ずっと手相には関心があって勉強してきましたが、まさか、それで人前に出られるようになるとは……。

お笑いで天下を取りたい、という僕の願いは、結局、叶いませんでした。でも、手相をはじめ、都市伝説や怖い話でお呼びがかかるということは、そこが自分の生きる道、必要とされる場所なのだと思っています。

一時は「俺、何やってるんだろう⁇」と悩んだこともありますが、ある時点で「なり

「今、目の前にあるものや場所」を有り難く受け取る

たかった自分像」が吹っ切れて、「自分を必要としてくださる分野で一生懸命やろう」と思えるようになりました。すると、不思議なことに、さらに「手相芸人」としての道が開けた気がするのです。

欲しいものと言っても、さまざまでしょう。

「あの学校に行きたかったけど、受からなくて別の学校に行った」

「あの会社で働きたかったけど、採用されなくて別の会社に入った」

「あの部署に配属されたかったけど、

人事の判断で別の部署に配属された」

「あの人と付き合いたかったけど、振られてしまって、今の人と一緒になった」

などなど、本当にいろいろな自分の「理想と現実」があります。

でも、「〜したかった」「〜なりたかった」という、理想像にばかりフォーカスしていると、「でも、できなかった」「でも、なれなかった」というネガティブ感情に縛られて、前に進めません。

そこで**「今、あるもの」が「自分が必要とするもの」、「今、置かれている場所」が「自分を必要としてくれている場所」と考えてみる**だけで、処し方は180度変わる。

「だったら、ここで精一杯やってみよう」と思えるはずです。


前にもお話ししたように、運は「前向きな心」が大好きです。

だから、「ずっと欲しかった幻」を追い続けるのではなく、「今、目の前に巡ってきたものや場所」を、ありがたく受け取る。そして、できるだけ楽しんで、目の前のことに取り組む。運は、こういう心構え一つで切り開かれるものなのです。

●松下幸之助さんが面接で必ずしていた質問。「あなたは『自分は運がいい』と思いますか？」

松下電器（現・パナソニック）の創業者、松下幸之助氏といえば、今でも著書『道をひらく』（ＰＨＰ研究所）などが読み継がれている偉人です。

昭和の大実業家ですから、著述は仕事の心得に関するものが主なのでしょうが、あるとき、松下氏の「運」に関する逸話を聞きました。

松下氏には、採用面接で必ず聞く質問があったそうです。

その質問とは、**「あなたは、『自分は運がいい』と思いますか？」**というもの。

なぜ、そんなことを聞いていたのかというと、それが、とても深い話だったのです。

自分は運がいいと思うか？　これに、どう答えた人が採用になったでしょう。

正解は、「はい」と答えた人です。

その理由は、運のいい人を採用すると、社運も引き上げられるから？　いえいえ、そんな底の浅い話ではありません。

それとも、ポジティブマインドの人を採用したいから？　そうとも言えますが、本当の理由は、もっと深いところにあります。

「自分は運がいい」と思っている人は、「自分の努力だけでやってきた」という驕《おご》りがなく、「人や時の運に恵まれてきた」という感謝の念があるから。

言い換えれば「おかげさま」がわかっているという点を、松下氏は高く評価していたのだそうです。

「自分は運がいい」と思っている時点で、その人は人様に感謝しつつ、謙虚に一生懸命、仕事に取り組むだろう。そして、自分の成果もまた「恵まれていた」「運がよかった」ととらえるから、会社や社会に恩返ししようとするだろう――。

松下氏は、「自分は運がいいと思うか」という質問によって、相手の価値観を見抜いていたわけですね。

謙虚に一生懸命、物事に取り組んでいるか。

どこかで自分の能力を過信して、驕ってはいないか。

運力に欠かせない「前向きさ」「謙虚さ」の有無が、この質問で一目瞭然になります。

たとえば、長く一緒にやっていく人が、はたして「人様への感謝」を忘れず、謙虚に一生懸命、がんばるタイプか、それとも「すべて自分の努力のおかげ」と考えていて、あなたが失敗したら「お前の努力が足りない」と責めるタイプなのか。

ともに運力を鍛え、ともに幸せな人生を歩んでいくためにも、ここは、ぜひとも見極めておきたいところ。折に触れ自問自答するのはもちろん、仕事や人生のパートナーになりそうな人に、聞いてみるのもいいかもしれません。

逆に大成功している人に、「自分は本当に運がなくて、ここまで来ました」なんて言われたら、嫌味に感じますよね（笑）。

◉神様にきちんと「お礼」していますか？

人からお願いされたことをやってあげて、お礼の一つもなかったら、誰でも「なんなの？」と思いますよね。

立場を逆にしても、たとえば、先輩に仕事のアドバイスを乞いました、仕事相手にちょっと無理なお願いをしました、という後にまったく音沙汰なし……というのは、かなり失礼です。

僕ら芸人でも、たとえば単独ライブのチケットが全然はけなくて困った！というときに、先輩に10枚くらい買ってもらっておきながら、ライブ後に何も連絡しなかったら大問題です。

必ず、できれば手土産の一つでも携えて「おかげさまでうまくいきました。ありがとうございました」と、報告とお礼をしなくてはいけません。これは社会人として当

然のマナーですし、こういうところで、きちんとできる人は、やはり人のご縁に恵まれやすいと思います。

喉元《のどもと》過ぎれば……ではありませんが、ことが過ぎると意外と忘れがちですから、気をつけたいものです。

一事が万事で、「お礼」が大事なのは神様に対しても同じ。一説には、ご挨拶やお願いのための「お参り」よりも、報告とお礼のための「お礼参り」のほうが、重要だと言われているくらいです。

みなさんは、神社やお寺にお参りする機会は、年にどれくらいありますか？

お参りは「最低、年に一度」と言われます。人によっては、初詣に行く年、行かない年とマチマチのようですが、住まいやオフィスの近所の神社への初詣は、毎年、欠かしたくありません。

その際には、まず「お礼参り」です。今年一年についてお願いをする前に、去年一年を振り返り、「無事に過ごせて、ありがとうございました」と念じてみてください。

お守りも、初詣のときに買い換えるといいと思います。お守りをお返しして、去年の報告とお礼を言い、新たなお守りを買って新年に向かう。なんだかこれだけで、気持ちが引き締まります。

お守りに期限はありませんが、今年一年のお願いをお守りに込めたら、来年には、その一年の報告とお礼をして、お守りをお返しする、というのが、やはり自然なマナーでしょう。

何かをお願いしたら、必ず報告とお礼をする。**人に対して、神様に対して、きちんと礼を尽くすことでも、自然と運力は鍛えられる**のです。

◉なぜか周囲を巻き込んで成果を上げる人の秘密

なぜかいい仕事ができる人、周囲を巻き込んで成果を上げる人の秘密って、いったいどんなところにあるのでしょう。

もちろん、その人自身の能力ゆえの成果ですが、その能力には、やはり「運力」も含まれると思うのです。

仕事の運力は、どこよりも「仕事の現場」で鍛えられると思います。

たとえば、**相手の気持ちや求めていることを先読みして行動することも、一つ。**

「『ペン取って』と言われたら、赤ペンと黒ペンと、さらにメモ用紙まで渡すような人が欲しい」と、ある企業の人事担当の方から聞いたことがあります。たしかに、そんな新人がいたら「お、できるな」と思って、目をかけたくなるでしょう。

これはたとえの一つで、すべてにおいて、**「求められたこと『＋1』」ができると、仕**

事の運力はぐんぐん高まるに違いありません。

芸能界でも「求められたこと『＋1』」が大事だなと、つくづく思います。

芸人は、突発的にウケたネタ一つだけで消えていく「一発屋」と、息長く活躍できる人とに、はっきり分かれます。あるとき、いとうあさこさんと「その違いって何だろうね？」と話していて、一つ答えが見えた気がしました。

それが「求められたこと『＋1』」をするかどうかだと思ったのです。

バラエティ番組は、ある種、パズルのようになっています。売れている芸人を呼んで、ちょうど世間でウケているネタやフレーズを言ってもらって……ということが、すでに台本に書かれています。

僕ら芸人は、そうして求められていることをする。これで最低限の仕事は果たしたことになりますが、「台本に書かれていること」で止まってしまう人ほど、それで終わりやすくなってしまうのかもしれません。

台本以外のことをしても、たいていはカットされてしまいます。だから、何をしても無駄と言えば無駄なのですが、それでも、何かしら「＋1」のことをしていれば、そこから新たなチャンスが広がっていく可能性があります。

そんな可能性にかけてきたのが、じつは、いとうあさこさんなのです。

いとうあさこさんといえば、「浅倉南の新体操ネタ」が有名ですよね。

番組の制作サイドからも、当初は、そのネタばかり求められてきたそうですが、いとうさんは、「それでも絶対もう一つ、何か見せてきた」とおっしゃっていました。全部カットされることも厭《いと》わず、やってきたそうです。そうすることで、オンエアにはつながらなくても、「この人は、これだけじゃないんだ」と、現場の人たちにアピールしていたのです。

そして今のいとうあさこさんは、もはや「浅倉南の新体操ネタ」の人ではなく、トーク番組を始め、さまざまなバラエティ番組で活躍されています。

すべては、「＋1」をやってきた成果ではないかと思うのです。

◉つねに「求められていること＋1」を提供する

現場では、僕自身も「＋1」を提供できたらいいなという意識で仕事をさせて頂いています。

芸能界でも社会でも一番恐ろしいのは「底が知れる」こと。言い換えれば「この人には、このネタしかないな」と思われることです。僕も、「手相」でお呼びがかかったときにも、手相のほかに「＋1」、相手が求めていること以外の何か一つを出せるように努めています。「手相だけ」とは思われないように、つねに心がけてきました。

たとえば、「手相で恋愛運を見る」というテーマで取材を受けたとしたら、取材後の雑談では「今日は手相でお声がけいただいたので手相のお話だけしましたが、じつは恋愛にいいパワースポットっていうのもあって……」と話してみる。

という具合に、つねに「＋1」を置いてくるようにしてきました。

そんなことをしても、相手の心には全然響かないかもしれませんし、「話が長引いて迷惑だな」なんて思われる恐れもあります。

でもその一方で、じつは相手が新しいネタを探していて、「そんなこともできるんですか！」と食いついてきてくれる可能性もある。実際、手相の仕事の合間の雑談中に話したパワースポットや都市伝説、怖い話などで、声をかけていただけることもあります。


手前味噌な話も多くなってしまって、スミマセン。

そういえば、できるショップ店員さんって、お客さんが選んで試着したもの以外に必ず一つくらい、アイテムを持ってきませんか？「これもいいね」と、つい一緒に買ってしまった経験のある人も多いことでしょう。

そのセールス技術に倣《なら》えば、「あれも、これも、それも、できます！」ではなく、「+1」くらいがちょうどいいのだと思います。「お気に召すかわかりませんが、よかったら一つどうぞ」の姿勢、と言ったらいいでしょうか。

いとうあさこさんの話を聞くにつけても、やっぱり「＋1」の積み重ねは、あなどれません。

仕事の運力を高め、チャンスを広げられるかどうかは、つねに「＋1」を見せることにかかっていると言っても過言ではないのです。

●運力が強い人は、過去の話より未来の話をする

「今までやってきたこと」より、「これからやってみたいこと」を話す。

あるテレビ局の人事担当の人から聞いた話なのですが、**これは、面接で採用される秘訣の一つ**だそうです。

考えてみれば、たしかにうなずけます。

周囲を見渡しても、「これからやりたいこと」を話している人って、目がキラキラしていて魅力的。そういう人ほど声がかかりやすいものですから、**「これからやってみたいこと」を話す人は、仕事の運力が強い**と言っていいでしょう。

逆に、「自分は昔〜」と、過去の話ばかりしている人は「自信がないのかな」なんて

思ってしまいます。今、活躍している人を見て、「あいつは昔〜」なんてことを言いたがる人もいますね。

いずれにせよ、今やっていることで胸を張れないから、過去の栄光を話したがるのかな、と思ってしまうのです。

たとえば、「僕は、高校一年のときに、全国高校ロボット競技大会で、ベスト4に入りました」と言われても、面接官が興味を抱いてくれなければ、話はそこで終わってしまいます。

でも、「僕は御社に入ったら、介護の手助けができるロボット製作に携わりたいんです。なぜなら、高校一年のときに……」と、まず未来の話から語ると、その動機である過去の話にも自然と興味が向きます。

いくら過去の話をされても、僕たちの目の前には「未来」しかありません。だから、人事担当の人も、面接を受けている人がどんな未来像を思い描いているのかを、まず知りたいと思うのでしょう。

過去の話をするとしたら、未来像のあと。「これから、こういうことをしてみたい」

という、その根拠として「なぜなら、私は過去に、こういうことをしてきて、その経験を生かしたいからです」というふうに話せば、一貫性が出ますよね。

なんだか新卒採用試験のテクニック論みたいになってしまいましたが、**「これからのこと」を話すのは、社会人歴何年になっても大事**だと思います。

同僚や上司と飲みに行って、「俺だって昔は〜」とか「あの頃はよかった」とか「あのとき、お前はこうだった」なんて話ばかりだったら、ウンザリしませんか？　ストレス発散にはなっても、何も生まれません。

そうではなくて、「これから、こんなことをやってみたい」「今やっていることを、こんなふうに発展させたい」という未来の話をすれば、前にもお話しした「ノリ」と「行動力」で、次の仕事や成果に直結することもあるでしょう。

自分自身に照らし合わせても、そういう「未来の話をする人の輪」を作れる人でありたいな、と思います。

◉一番の話し上手は聞き上手

「自分が話したい人」と「人の話を聞きたい人」、どちらのほうが多いかといえば、圧倒的に前者のほうが多いと思います。

あなたの周囲にも、ずっと自分の話ばっかりしている人、いませんか？　うざったいな、と思ってしまうこともあるかもしれませんが、見方を変えれば、これも運力を鍛えることにつながります。

自分が話したい人のほうが多いとしたら、「聞き上手な人」は、きっと好かれ、かわいがられるに違いないからです。

おかげさまで、最近は都市伝説や怖い話などでも声をかけていただけるようになりました。そのためか、「話し上手になる方法を教えてください」「相手から好かれる話し方を教えてください」「興味を持たれる話し方を教えてください」などと、「話し方」

について聞かれることも、よくあります。

誰だって、人から好かれたいですよね。そのために上手に話せるようになりたい、と思うのは、よくわかります。

ただ、人から本当に好かれる人、「また会いたいな」と思われる人って、おもしろい話をする人でも、要領よく話す人でもなくて、「自分の話を気持ちよく聞いてくれる人」「ちゃんと耳を傾けてくれる人」ではないのかな、と思うのです。

立場を変えてみても、そうではありませんか？ 迷ったり悩んだり、気が荒《すさ》んだりしているときに会いたくなる人……ときには意見を言ってくれる人も必要ですが、やはり、話を聞いてくれる人に、まずは会いたくなるのではないでしょうか。

話すほうが「ピッチャー」だとしたら、聞くほうは「キャッチャー」です。

野球の花形はピッチャーですが、ピッチャーだけいても、野球というゲームは成り立ちません。会話も同じで、身の回りにピッチャーになりたい人が多いのなら、自分はキャッチャーになろう、と考えるのもいいのではないでしょうか。

◉相手との距離を縮める、肯定の法則

聞き上手になるコツを挙げるとしたら、その一つは「相槌《あいづち》上手」になることだと思います。

相槌といってもさまざまですが、まず気をつけたいのは、「でも」は、なるべく使わない、ということ。

「でも」は相槌ではないのでは?と思われたかもしれません。たしかに、「でも」は前の言葉を覆すための接続詞であって、本来は相槌ではありません。

でも(はい、これが本来の使い方です)、「でも」を本来の意味ではなく、息継ぎのように言っている人は意外と多いのです。

とはいえ、「でも」は反意を含む言葉ですから、これまで気分よく話していた相手は一瞬、心の中で自分にブレーキをかけられたと思ってしまいます。

「でも」と言った側に、そんなつもりはなくても、話がつまずいて、気持ちのいい会話の流れが途絶えてしまうのです。

同じことが「いや」にも言えます。「いや」は「NO」の意ですが、「でも」と同じように、つい相槌に入れてしまう人は、やはり多いと感じます。

「いや、おっしゃるとおりですね」「いや、そうなんですよね」……「NO」と言っておきながら肯定しているので、書いてみると非常におかしな感じです。でも、会話だと、なぜかこんなふうに言ってしまうんです。

無意識のうちに、**相手に「壁」を感じさせてしまう「でも」「いや」を、なるべく使わないようにする。**そして、**「（大きくうなずきながら）へぇ～」「そうなんですか！」「すごいですね」といった、文字通り肯定的な相槌を打つ。**

これだけでも「聞き上手」になれて、相手との距離もぐんと縮まります。

◉仕事の顔とは別の「記憶に残る自分」を見せる

最近のテレビ界では、ネタや話がおもしろいのはもちろんですが、「〇〇といえばあの人」という代名詞を持っている人ほど、仕事運を引き寄せる力が強いと思います。

テレビの世界でも、今では「家電芸人」「カープ芸人」といったお題目で、番組が作られるようになっています。そんななかで僕ら芸人は、どれだけ「〇〇芸人」という代名詞で認知してもらえるかが、勝負どころと言ってもいいでしょう。

新人を売り出すときにも、事務所が知恵を絞るのは、そういうところです。

奇抜な格好をさせたり、変な髪型にさせたり、変わった特技を前面に出したり……。

いろいろな芸能人がひしめき合っているなかで、どうにか顔と名前を覚えてもらうために、何かしら代名詞を作ろうとするわけです。

これは、きっとどの世界でも同じなのでしょう。

「取り替え可能な人材」ではなく、「唯一無二の人材」として認識されることが、何よりの強みになります。

そのためには、まず仕事の能力を磨くことが一番なのでしょうが、能力とは別にアイコンやキャッチコピーを持って「記憶に残る人」になる、というのも、大きな助けとなりそうです。

言ってみれば、上司と一緒に営業先に行ったときに、上司から「こいつはほんと、しょうもない奴で、いつも、こんなことしてるんですよ」と苦笑混じりに紹介してもらえるようなキャラ設定。

たとえば、阪神の大ファンで、暇さえあれば阪神戦を観に行っている。

男なのにスイーツが大好きで、ケーキバイキングに行っては、周りが女子だらけのなかでスイーツを食べまくっている。

歌うのが大好きで、接待カラオケには欠かせない盛り上げ役。

などなど、どんなことでもいいと思います。「あ、〇〇の人ね」と覚えてもらえるようなキャラ設定をするということです。

これで、営業先の人には一発で覚えてもらえるでしょう。

どんな仕事も「人間同士」のことですよね。能力が高いに越したことはありませんが、そこにプラスして「人物」が見えると、より見通しのよい人間関係が醸成され、仕事もスムーズになります。

阪神ファンとかスイーツ好きとか、取るに足らないことでもいい。むしろ、ちょっとくだらないくらいのほうが、ちょうどいいかもしれません。

何かしらキャラ設定をすることが、あなたという「人物」を相手に見せ、記憶させ、そして、いい仕事へと結びつけてくれるのです。

◉迷ったり悩んだりしたときに立ち返る「誰のために、何のためにやっているのか？」

「自分は、誰のために、何のために、この仕事をしているのか」

どんな仕事であれ、こうした**「信念」がはっきりしていると、迷ったり悩んだりしたときにも、つねに心が原点に立ち返ることができる、**僕はそう思います。

そして、「また仕事をがんばろう」と思えるのではないでしょうか。

仕事においては、信念があるかどうかが、運を切り開けるかどうかを、大きく分けるのだと思います。

信念があると、心が定まり、歩む道がぶれません。そしてぶれないところには、幸運もやってきやすい、と思うのです。人のご縁一つとっても、信念のある人のほうが、人から応援されたり、巻き込んだりしやすいものでしょう。

僕の場合も、「信念」と言っていいのかわかりませんが、「手相を通じて人を楽しませたい」「自分の可能性に気づき、少しでも前向きになってもらいたい」というのが根っこにあります。

手相は、本来、もっと難しくて怪しげな世界です。でも、少し勉強してみると、ものすごくいいコミュニケーションツールになると思いました。

そこで師匠の原宿の母にも許可をとって、手相の線を「KY線」「エロ線」などと面白半分で言い換えてみたのが、そもそもの始まりでした。

そして今、テレビなどで多くの芸能人の手相を見せていただくようになりました。

ただ、僕には、その芸能人を通じて、テレビの向こうの人たちに話しかけている、という意識があります。

手相を見るのって、とても簡単です。何も道具は必要ありませんし、計算などもいっさいありません。パッと手の平を見れば、すぐにわかります。

だから、何か手相のことを聞いたら、その場で自分や一緒にいる人の手を見てみる人は、きっと多いことでしょう。

「『不思議ちゃん線』がありますね。これは空気が読めなくて周囲とずれたことを言ったりやったりする人によく見られる線なんです。一方、この線がある人は癒し系でもあり、周囲から好かれる人にも共通して見られる線ですよ」

なんて僕が話すのをテレビで見て、家族同士や友人同士、あるいは自分で手相を見て、「うわ、『KY線』あるじゃん」「『金運線』あった！　やった〜」などと、ほっこりしたり、盛り上がったりしてほしい。自信をなくした人が、自分の手相を見て、「自分にはこんな才能があるんだ」ということを知って、自信を取り戻してほしい。

その一心で、これまでやってきました。

手相って、100パーセント的中はしませんし、正直、うさんくさいところもあります。

もともと僕はお笑いをやりたかったので、ときには「何やってるんだろう」と迷ってしまうこともあります。

でも、そのたびに「どうして手相なんだっけ？　そうだ、人を楽しませたいからだ」という根っこに立ち返ると、またやる気が湧いてくるのです。

ダウンタウンさんみたいに、お笑いで人を楽しませる人にはなれなかった。でも、手相を通じてなら、それができる。

欲しかった「お笑い人生」は手に入らなかったけれど、人を楽しませて食っていくのに必要な「手相人生」は手に入った、とも言えます。

やっぱり**人生、欲しいものは手に入らないけれど、必要なものは手に入るもの**なのでしょう。

そして、その**必要なもので運を切り開くために欠かせないのが、「自分は、誰のために、何のために、この仕事をしているのか」という信念、根っこの部分でブレない心**なのです。

◉仕事の運力の根っこは、「いかに果たすか」ではなく、「何を果たすか」

「よし、手相でやっていこう、それがいいんだ」

お笑いで食っていきたいと思っていた僕が、こう思えるようになった大きなきっかけは、じつはダウンタウンの松本人志さんでした。

手相のお仕事をいただけるようになったけれど、まだまだ「本当にこれでいいのかな、お笑いがやりたかったのに……」とモヤモヤしていた頃のことです。

あるバラエティ番組に呼んでもらったのですが、他の芸人は、いろいろとおもしろいことを言っているのに、僕は手相の話ばかり。「それってどうなの?」と収録後、柄にもなく落ち込んでしまいました。

「ほんとに何やってるんだろう」なんて思いながらトイレに行くと、たまたま松本さんがいらっしゃいました。「あ、松本さん、お疲れさまです」――挨拶した流れで、思わず行き場のない心情を吐露《とろ》してしまったのです。

するとと松本さんが、一言おっしゃいました。

「お笑いも手相も、どちらも人を楽しませることやし、島田は手相、これでええんちゃう？」

ものすごくシンプルですが、それだけに、心にズシンと響きました。

「そうか、やっていることは違っても、根っこは同じなんだ」と思えて、一気に吹っ切れたのです。

僕には「人を楽しませたい」という根っこがあって、それを「お笑いで果たしたい」というところに、過度にこだわっていたのだと思います。

目的を果たす「手段」に固執《こしつ》していた、と言ったらいいでしょうか。

でも、**本当に大事なのは「手段」ではない。手段はどうあれ、根っこの部分で大事にしていることが守られ、果たしたい目的が果たされればいい。**ストレートに届いた松本さんの言葉に、そう気づかされました。

お笑いでも手相でも、テレビの向こう側の人に喜んでもらえている。だったら、僕は手相でやっていけばいいんだと、心から思えたのです。

このように、仕事の形は違っても、仕事をした向こう側で起こることは同じ、というのは、どの世界にもあると思います。たとえば、人々の快適な旅をお手伝いしたい、という根っこは、パイロットでも整備士でも同じですよね。

「やりたい仕事につけなかった」
「行きたい部署に行けなかった」

もし、こんなモヤモヤを抱えている人がいたら、「自分は根っこの部分で何を果たしたいのか？」と考えてみるといいと思います。

今やっていることでも意外と果たせているんだ、と気づいたり、手段にこだわらなくなったら別の道が見えたりと、きっと一気に視界が開けてくるでしょう。

それにつれて、仕事の運力もぐんと強まるもの。**「いかに果たすか」ではなく「何を果たすか」という信念は、やはり仕事の運力の栄養源**なのです。

◉大失敗したその日に、大先輩と同じ地平に立てた

失敗したときこそ、成功している人に教えを乞うと、ますます仕事の運力が上がると思います。

よく「うまくいっている人、ツイている人の近くにいると、自分の運も上がる」なんて言います。

僕なりに言い換えてみると、これは、そういう人の近くにいると、相手の「意識」に感化されて、自分も、うまくいく人の意識、ツイている人の意識になれるからではないかと思います。

では、なぜ「失敗したときこそ」かと言うと、**失敗したときが一番、教えを吸収しやすいタイミング**だから。「なんで失敗したんだろう⁉」「どうしたらうまくいくんだろう⁉」という「知りたい欲」が、もっとも高まるからです。

だから失敗を誰かのせいにしたり、下手に腐ったりするのではなく、学習するチャンスと考え、成功者に食らいついて教えを乞う。そうすることで、成功者の意識に感化され、仕事の運力が高まるのではないかと思うのです。

これは、じつは僕の実体験から言えることでもあります。

2012年3月まで放送されていた『人志松本の○○な話』という人気番組があります。

ダウンタウンの松本さんを筆頭にお笑い芸人が集まり、それぞれが「すべらない話」＝「絶対に笑える話」などを披露《ひろう》するというもの。まさに、話し手としての芸人の力量が問われる、僕からしたら恐ろしい番組です。

そんな人気番組に初登場させていただいたときのことです。錚々《そうそう》たるメンバーのなかで、僕はほとんど話に入っていけず、場を沸かすこともできずと、惨憺《さんたん》たるものでした。

がっくりと肩を落として帰路につこうとしたところ、バナナマンの設楽統《したらおさむ》さんに

「近くまで車で送っていこうか?」とお声がけいただきました。

お言葉に甘えて車に乗り込んだとたん、堰《せき》を切ったようにいろいろな質問が口から飛び出しました。

ついさっきの大失敗の記憶が鮮明すぎて、「ああいうときはどうしたらいいのか」「こういうのはどうなのか」と、かなり具体的に質問攻めにしてしまったのです。

そんな僕に、設楽さんは淡々と、一つひとつ丁寧に教えてくださって、ものすごく勉強になりました。そして最後に一言、こうおっしゃったのです。

「ずっと思ってたこと、やっと伝えられたよ」

一瞬、どういう意味かと思いましたが、すぐに理解できました。

それまで経験したことのない、一つ上のレベルの現場に立たせていただいたおかげで、これまで味わったことのない張り詰めた緊張感や超人的な瞬発力を要する言葉のやり取りを、初めて肌感覚で体感できたのです。

生意気な言い方かもしれませんが、これまで大先輩たちが見てきた景色を、同じ現場に立つことでようやく見ることができたのかもしれません。

同じ土俵に立たないと、見えないもの、わからないことがある。だから、設楽さんも、「やっと伝えられたよ」とおっしゃったのだと思います。

「すごい人たちは、すごい場所で闘っているんだ」ということを心底痛感した一日でした。

一度大きな失敗をしないと、本当に大事なことは見えないのかもしれません。

その日、僕は自分の失敗でボコボコになりました。でも、そうなってみて初めて、大先輩である設楽さんと同じ地平から、少しものを見ることができたのかな……と思います。

失敗が人を育てる、とはよく言いますが、このときほど、それを実感したことはありません。

ただ、こうして振り返ってみても、つくづくと僕は、諸先輩方からたくさんの運を分けてもらっているのだなと思います。そして今度は、自分が後輩たちに運を分けていかねば……と身が引き締まる日々なのです。

3章

正しい運の使い方、不運の使い方

——人生は「運の資金繰り」。本気で貯めて、豊かに使う

◉不運も味方にできる。不運でさえ、豊かに使うことができる

さて、これまでお話ししてきた「運」ですが、目に見えない不思議な存在であるにもかかわらず、人は「運を使う」とか「運を落とす」とか、はたまた「運を貯める」などと言いますよね。

目に見えて増えたり減ったりするものではないので、正しく使うも貯めるもないように思えます。ですが、正しい使い方や貯め方は、きちんとあるのです。それは、これまでの先人の生き方が証明してくれています。

3章と4章では、運の「正しい扱い方」や「正しい使い方」、「正しい貯め方」などを、諸先輩方の実例を交えて紹介します。

できるだけ幸運に恵まれたい。

誰だってそう願っていると思いますが、では、幸運って何？　不運って何？　と言うと、じつは明確な境界線はないのでは、と思います。

前に、運は「徳」と「行動力」でできていると思う、とお話ししました。

これら運の要素のうち「徳」というのは、じつは不運と密接に関係しています。

たとえば、面倒な役回りを押し付けられたりして「どうして自分ばっかり……」とため息をつきたくなるようなこと、ありますよね。

このように一見、アンラッキーに思えることでも、悪くとらえないでください。

じつは、**運には「とらえ方次第」という一面もあり、不運に思えることが、いつの間にか幸運につながることも多い**のです。

「災い転じて福となす」という格言があるのも、昔の人は、そういう運の性質みたいなものが、よくわかっていたからでしょう。

そこで僕たちが**心がけるべきは、ひたすら幸運を乞い願うより、不運でさえも味方につけること。言ってみれば「不運すらも豊かに使うこと」**ではないかと思います。

不運も大事に、豊かに使う

たとえば、晴れていたのに雨が降ってきたので、傘を買いました。その買ったばかりの傘をどこかに忘れてきてしまった！　きっと「なんて運が悪いんだ」と思うことでしょう。

でも、その傘で、ほかの誰かが雨をしのげたと考えてみると、どうでしょうか。

自分でも知らないうちに人のタメになった、ということで「徳」を積んだことになります。

もちろん、本当に、その傘で助かった人がいたかなんて、知る由もありません。

でも大事なのは、「傘で助かった人がいるかどうか」ではなく、「あの傘で誰かが助かったかもしれない」と自分自身がとらえること。そうして、自分のなかで、不運を単なる不運として終わらせないことだと思うのです。

幸運は、明るくて前向きな人が好きですから、ちょっとした不運を、ポジティブに転じさせて受け止める人ほど、幸運が巡ってくる。不運を豊かに使うというのは、こういうことではないのかな、と思います。

◉人生は「運の資金繰り」。「貯める」も「使う」も思いきり楽しもう

ちょっと壮大な話になってしまいますが、人の一生とは、大きく分けて二つのタームの繰り返しではないかと思います。

一つのタームは、自分に負荷《ふか》をかけてがんばる時期。たとえ不遇でも、それを自己鍛錬《たんれん》の日々だと思って、見返りを求めずに何かに打ち込んだり、勉強したりする日々です。そしてもう一つのタームは、負荷をかけてがんばった時期に積み重ねたことを、活用する時期。これまでの財産を使う日々ということです。

でも、財産とは使えば減っていくもの。だから、また一つめのタームがやってきて財産を蓄積し、それを活用する二つめのタームがまた訪れ……というふうに、延々と繰り返されていくものだと思うのです。

人生は「運の資金繰り」

一つめのタームはインプットの時期、二つめのタームはアウトプットの時期、と言ってもいいでしょう。

そう考えると、先に紹介した数秘術で導き出された「今年のテーマ」も、より受け止めやすくなるのではないかと思います。

運の低迷期は、「今は不遇でも、自分に負荷をかけてがんばる時期なんだ」と思えば、知識やスキルなどの財産が蓄積されます。

ここで言う「財産」には、幸運も含まれます。運の低迷期にあっても前向きに生きることで、より大きな幸運が引き寄せられるからです。

そして運の上昇期には、低迷期に積み重ねた財産を活用しつつ、使い切ってしまわないように気をつける。貯金を使っても使い果たさないように気をつけながら、新たにお金を稼ぐようなものです。

ちょうど「財産」「貯金」という言葉を使ってきましたが、まさに運とは、「お金」にたとえることもできると思います。言うなれば、**人生は「運の資金繰り」——運を貯める時期である低迷期、運を使う（分ける）時期である上昇期があり、その両方のアップダウンを楽しんだ者が、よりよい人生を作っていく**のでしょう。

当たり前のことですが、人生は死ぬまで続きます。人生は死ぬまで完成することなく、絶えず動き続けるもの、そして「命」を「運」び続けるもの。

清流は水が絶えず流れることで清くあるように、人生も、運気が動くからこそ、腐らず、豊かになっていくのだと思います。ならば、運気が緩い流れも運気が激しい流れも、まるで川下りをするように楽しんで生きたいものです。

◉本気になるほど運の財産は貯まる。「一番真剣な人が一番強い」

自分に負荷をかけてがんばり、財産を蓄積するときには、かなり「本気」にならなくてはいけないと思います。

運気の低迷期に置かれた人の反応には、大きく分けて二つあるでしょう。

一つは、「拗《す》ねる」「妬《ねた》む」といった反応。

こういう人は、成功している人、ツイている人、ノッている人を批判したり、自分がうまくいっていないことに言い訳したり……要するに、「フン！」と自分が置かれた状況に拗ね、成功者を横目で見て妬んでいます。

「あの人は、こういうアドバンテージがあるから」

「たまたま有力者に目をかけられたから」

と言って、うまくいっていない者同士で集ってはクダを巻くタイプです。

そしてもう一つのタイプが、「このままじゃ、やばい」と思って、脇目《わきめ》も振らず本気になる人です。こちらのほうが、アウトプット期に向けて財産を蓄積できるタイプであることは、言うまでもありません。

芸能界を見ていても、つくづくと、そう実感します。今、売れている人たちは、つねにより高みを目指してきたのでしょう。きっと、激しく「やばい」と思い、その危機感のもとで本気になった時期があるのだと思います。

そうなると、今の自分と同レベルの人たちと、居酒屋でクダを巻いている暇などありません。

クダを巻いている彼らだって「自分たちもこんなにがんばっているのに」と言うに違いありませんが、本当に本気の人は、その10倍、20倍はがんばっています。そういう人が、継続して大きな成功を収めているように感じます。

人は本気になると、つねに自分に一つ高いハードルを課すようになります。

たとえば僕などは、レギュラー番組の打ち合わせで、プロデューサーから「次回はこういうテーマにしたいんだけど、手相に、そういう線ってある？」と聞かれたら、「ありますよ」と即答します。

本心は「そんな線、あったっけな……⁉」でも、そう答えます。

そして次回までに必死で勉強して、何とか要求に合うもの、そして前にも言った「＋1」を準備するのです。

今、大人気のバイきんぐさんなども、「本気の本気」が運を引き寄せたというタイプです。

彼らは下積みが長かったのですが、その間、拗ねず、妬まず、ひたすら小峠英二さんがネタを書き溜めました。

目標は「キングオブコント」で優勝すること。そのために毎月、単独ライブをやると決め、しかも毎月、新作を5本やっていたそうです。

想像がつかないかもしれませんが、毎月、新作を5本というのは、相当なペースです。月に1本でもヒーヒー言っている人が大半ですから。

月に5本の新作を書き続けたら、一年で60本になりますよね。それも単独ライブで実演済みですから、とくにウケたネタを、コンテストの選考で出していくことができます。

彼らの華々しい優勝と、その後の活躍は、じつは下積み時代の「本気」が生み出したものだったのです。そう。結局、一番真剣に向き合った人が、一番強いのです。

もし、今、「自分は不遇だ」と感じている人がいたら、周囲でうまくいっている人を、よくよく見てみたらいいと思います。

批判めいた目でも、妬み嫉《そね》みの目でもなく、素直に、人物そのものを観察してみてください。

「あの人は運がよかったから」「たまたま、好条件な案件を任されたから」なんて目で見ていた人が、じつはものすごく努力家で、誰よりも真剣に物事に取り組んできたからこそ、大きな幸運に恵まれたんだ……と見直せることも、きっと多いと思います。

あるいは、結婚したり、子どもが生まれたりして責任感が増大し、「このままじゃ、やばい」と思う場合もあるでしょう。

不遇であれ、人生の転機であれ、何かしら「本気の本気」になれるタイミングは、誰の人生にもあるはずなのです。

「今の自分だって本気だ」「今の自分だってがんばってる」と思っていると、自分より本気な人がいる、自分よりがんばっている人がいる、という事実はなかなか受け入れがたいものでしょう。

そこで「同じ穴のムジナ」「井の中の蛙《かわず》」から抜け出すかどうか、そのために本気になれるかどうかが、その後の人生を大きく左右するのだと思います。

ひとたび上を見上げて「穴」や「井戸」の外を見れば、もっとすごい世界が広がっていることに気づくに違いありません。

不遇でも転機でも、より高みに向かって飛び出すために、「本気の本気」になる。アウトプット期に使う財産は、こうして積み上げられていくのです。

◉「褒め言葉」は言葉のプレゼント。だから、素直に受け取ろう

「謙遜は日本人の美徳」とは言われますが、これが過ぎると、相手の厚意を無下《むげ》にし、ひいては幸運を逃すことにもなりかねません。

「褒め言葉」への受け答えなどは、その典型例だと思います。

「素敵ですね」「かわいいですね」と言われて、「いえいえいえいえ、そんなことありません!」と、なぜか全力で否定する人、いますよね。その大半が、「褒められたら謙遜」とばかりに、条件反射のようにして言っているのでしょう。

ただ、これは謙遜と言えば聞こえがいいだけで、そのじつ、相手の厚意を無下にしているわけです。立場を逆にしてみれば、せっかく「素敵だな」「かわいいな」と思ったことを素直に伝えたのに言下《げんか》に否定されて、いい気持ちはしないでしょう。

褒め言葉は、謙遜しないで素直に受け取る

日本人の奥ゆかしさには素晴らしい一面もあると思いますが、自分自身や身近な人を卑下《ひげ》する文化は、そろそろ脱してもいいのでは……とも思います。

かといって、褒められたときに自信たっぷり「ええ、そうでしょう」なんて、なかなか言えません。

そうではなくて、**褒められたら、素直に「ありがとうございます」**でいいのではないでしょうか。

褒め言葉を素直に受け取ることも、コミュニケーションの一つです。

否定したら、そこでおしまい。会話も人間関係も、それ以上、発展しません。

これは、幸運を引き寄せるうえで、ものすごくもったいないことです。

というのも、褒め言葉とは、当然ながら、相手が少なからず自分に好意や好印象を抱いてくれている証だから。そして人のご縁などの幸運は、そういう人を通じて、もたらされるものだからです。

つまり、褒め言葉を否定し、褒めてくれた相手との間に壁を作ってしまうと、その後、良いご縁がつながる可能性まで一緒に断ち切ってしまうことになるのです。

たとえば、一生懸命、選んでくれたプレゼントを、謙遜のつもりで「いえいえいえいえ、私にそんなもの、もったいないです」なんて突き返したら、相手は「ひどいな。喜んでくれないなら、もう、いいや」となって当然です。

褒め言葉も、同じです。

褒め言葉は相手の好意から差し出された「言葉のプレゼント」。だから素直に、**有り難く受け取る**。ひょっとしたら、**これは人に与えることと同じくらい、大切なことと**言えるのかもしれません。

◉臨時収入は振る舞って使う。これが「正しい運の使い方」

ひょんなことで、思わぬ臨時収入が入った！

そういうときは、半分でも三分の一でも、人にご馳走したり、プレゼントを買ってあげたりと、振る舞って使ってしまうことをおすすめします。

毎月のお給料は、入ってくることが予定されているお金、生活に必要なお金ですから、これで気前よく振る舞っていたら大変です。

でも、**臨時収入は、いわば「なかったはずのもの」。それが手に入ったのは、まさに運の巡り合わせですから、人と分け合うのが「正しい運の使い方」**と言えるでしょう。

ここで意地きたなく独り占めすると、かえって運を下げてしまいかねません。

また、**「振る舞うこと」には、厄落としの効果がある**とも言われています。お金を出すのと一緒に、自分の厄も追い払うことができるのです。身銭を切ることで、厄が落ちる。そう考えると、人にご馳走するときなども、気分よくお金を出せる気がしませんか？

たとえば、思いつきで買ってみた馬券、思いつきでやってみたパチンコで、そこそこの額、勝ったとしましょう。勝ちは勝ちで幸運の為せる業ですが、そのお金の使い道によって、その後のツキ方は分かれると思います。

宝くじの高額当選者でも、連続して当選している人は、当たるたびにかなりの額を寄付していると言います。一方、当選金を独り占めして豪遊したり、贅沢品を買い込んだりした結果、あっという間にお金を使い果たしたうえに破産してしまった……なんて末路を辿る人も多いのです。お金に対する執着心が強いほど、お金の魔力に取り憑かれて、みずから破滅の道を歩んでしまうんです。高額当選者には専用の手引書が配布されるのも、わかる気がします。

降って湧いたようなお金だからこそ、執着せずに気前よく振る舞ってしまうくらいのほうが、厄を落とし、新たな幸運も呼びやすい。そう考えておけば、運命のいたずらでお金に人生を狂わされた、なんてことも起こり得ないと思います。

◉「いいこと」も「悪いこと」も、じつは同じ。良し悪しを決めているのは、自分自身

人って、なぜか「いいこと」より「悪いこと」のほうがよく覚えているものではないでしょうか。

ふたたび悪いことが起こるのを避けるための、ある種の防衛本能なのかもしれませんが、ちょっともったいないことです。

すでにお話ししてきたように、幸運は前向きの心が好きなので、あまり悪い記憶にばかりとらわれていると、来たるべき幸運も逃してしまいそうです。

とはいえ、いいことばかり鮮明に覚えていると、今度は、同じくらいのいいことが起こるのを待ちわび、その間ずっと、満たされない、幸せではない感覚に覆われてしまいそうでもあります。

要は、いいことにも悪いことにも、とらわれてしまう心のあり方自体が、不幸感の元なのでしょう。

聞いた話ですが、禅寺のお坊さんによれば、いいことも、悪いことも、「出来事を受け流すこと」が、平穏な心を保ち、今に集中する秘訣だそうです。

これもある意味、「命を運ぶ」ということだと思います。

やはり清流は水が絶えず流れているから清くあるように、どんな出来事の記憶も受け流し、つねに移り変わる現実＝動いている「今」にフォーカスすることが、幸運を引き寄せるのでしょう。

そう思うと、「水に流す」とは、よく言ったものですね。つねにこのイメージを持っておけば、いいことにも悪いことにも、とらわれずに受け流せそうです。

もう一つ、悪いことにとらわれないようにするには、出来事のとらえ方を変えるという方法もあるでしょう。

悪いことが起こったように見えても、「もっと悪いことが起こっていたかもしれない」「これくらいで済んだのだから、自分は運がいいんだ」と考えてみる。「そんな切り替え、できない！」と思っても、少しずつクセをつけていくと、アンラッキーが自分のなかで一転、ラッキーなことに見えてくることも多いものです。

それに長《た》けていたのが、松下電器創業者の松下氏だったと言います。松下氏が、面接で必ず「あなたは運がいいですか？」と聞くという話は、すでにしました。じつは松下氏ご自身が、「自分は強運の持ち主だ」と信じきっていたそうなのです。

こんなエピソードがあります。

松下氏が若い頃、ある夏、海に落ち、溺れて死にかけたのですが、ギリギリ助かりました。それを松下氏は「これが冬だったら心臓マヒで一巻の終わりだった。自分は運がいい」ととらえたそうです。

似たようなエピソードが、まだあります。自転車に乗っていたら車にはねられ、自転車ごと電車の線路に投げ出されてしまった。あわや電車に轢《ひ》かれる！というところで電車が止まり、命拾いしたと言います。これも松下氏ご自身は、「電車が止まったから、死なずに済んだ。自分はやっぱり運がいい」ととらえたそうなのです。

海に落ちて溺れる。車にはねられて線路に投げ出される。たしかに、死んでもおかしくない状況で死ななかったのですから、相当な強運と言えるでしょう。

でも、当事者だったら、どちらも散々な不運だと思ってしまいそうです。

それを「散々な目にあったのに、すんでのところで助かった自分は運がいい」ととらえた松下氏は、さすが昭和の大経営者、みずから幸運を引き寄せる考え方をする人だったんだと感じ入りました。

そう。**じつは「いいこと」も「悪いこと」もない**んです。その**良し悪しを決めているのは、ほかならぬ自分自身**なんですね。

いい記憶も悪い記憶も、心に留めずに受け流す。

なかでも、心がとらわれがちな悪い記憶は、「もっと悪いことにならなかった自分は運がいい」というエピソードに転換する。

松下氏の例でもうかがわれるように、**どんなことが起こっても、「自分は運がいい」と信じて何も恨まないことが、運を強め、幸せになっていくための心の持ち方**です。

◉財布を落とすと「厄」も落ちる

突然ですが、財布を落としたことはありますか？

財布を落とすと、金銭的な損失を被《こうむ》るのはもちろん、ＩＣカードやクレジットカードを止めたりするだけでなく、運転免許証や保険証など身分証明書が入っていたりすると、その再発行手続きをするのもかなり面倒です。しかも、たいていは使い勝手やデザインが気に入った財布を使っているものでしょうから、そんな愛着のあるものを失った落胆も大きいです。

財布は誰にとっても大事なもの。絶対になくしたくないもの。

ただ、そういう大事なものを落としてしまうのが、一概に悪いこととも言いきれません。**大事な財布を落とすと、「厄」も一緒に落とすことができる**と言われているからです。

いわば、お財布が自分の「身代わり」のようになって、自分についていた厄を取り払ってくれるわけです。

前に、臨時収入は人に振る舞って使ってしまうことをおすすめしました。

それと似たようなことなので、もし財布を落としたら、「これで運が上向きになるかな」「厄が落ちたのだから、良しとしよう」と考えてみてください。

落としてしまった財布は、十中八九、戻りません。

誰かが拾って、中のお金を使ったに違いない。

いい財布だから、赤の他人に使われているかもしれない……。

なんて考えれば考えるほど、「クッソー!」「どこで落としたんだ⁉」といったネガティブ思考や後悔の念が、グルグルと渦巻いてしまいます。

でも、「覆水盆《ふくすいぼん》に返らず」の格言どおり、なくしたものは、なくしたもの。返らないものは返らない。ここはスッキリ気持ちを切り替えたほうが、自分のタメでしょう。

もちろん、稀に親切な人に拾われ、戻ってくることもあるので、警察に届けは出したほうがいいと思います。

ただ「見つかれ！　見つかってくれ!!」と、固執しすぎないように。「見つかったらすごく運がいいな」「見つからなかったら、厄落としになったな」くらいに大きく構えておきましょう。

僕は、ちょうど手相を始める前くらいに、3回も立て続けに財布を落としました。

もちろん、そのときは困りましたし、「またかよ！」とウンザリもしました。

でも、その後、手相でたくさんお声がけいただくようになったことを考えると、また違った見方ができます。

お笑いコンビで鳴かず飛ばずの時代が続いたあげく、コンビ解散。これらに代表される厄が財布と一緒に落とされて、そこから運が開けていったのかな……と、今では素直に、有り難く思えるのです。

また、財布を落としたことで、自分にとって「本当に大切なもの」の存在にも気づかされました。

財布を落としたのが、大事な家族じゃなくて良かった。さらに言えば、起きた災難が、財布を落としたくらいで済んで良かった。これが、自分や大事な人の命や健康を損なうような災難じゃなくて本当に良かった……。財布を落とした落胆のなかで、そんな気持ちも湧いてきたのです。

財布を落としたときだけでなく、嫌なことがあったときは、「これは『大事の前の小事』だったんだ……」。そんなふうに考えて、気持ちを立て直してみてください。

あ、言わずもがなですが、厄落としのためにわざとお財布を落としたりしないでくださいね。財布を落とすって、本当に一大事で、けっこうへコみますから……（笑）。

◉銭洗弁天で洗ったお金、どうするのが正解？

「お金は天下の回りもの」と言います。

どこかの誰かが使ったお金が、巡り巡って自分に回ってくる。自分もお金を使い、それが、またどこかの誰かに回っていく。さらに別の誰かが使ったお金が、自分に回ってくる……こうして、お金は世の中をぐるぐると巡っているわけです。

となると、**みずからお金を回すことで、自分へと巡ってくるお金の流れを作り出す、つまり、お金を世の中に回すと、金運が上がる、**とも言えますね。

前にお話しした、「臨時収入は振る舞って使う」というのも、世の中にお金を回すということの一つ。

また、「銭洗弁天」で洗ったお金も同様です。

「せっかく弁天様で洗ったお金だから」と、お守りにしたり、大切にしまいこんだりするい人が多いようですが、じつは、すぐに使うほうがといいと言われています。**持っていたお金の汚れと一緒に、自分自身の穢《けが》れも落とすことで、徳が上がる。そして、きれいにしたお金は世の中に回す。こうして金運も上がるというのが、銭洗弁天の本来の意味**なのです。

ちなみに、僕の一押しの銭洗弁天は、鎌倉にある宇賀福《うがふく》神社。強力なパワースポットとしても知られています。

宇賀福神社では、最初にお線香とろうそくを買い、まずろうそくに火を灯します。この火は「知恵の灯り」と呼ばれており、灯すことで知恵が広がって、世の中がよく見えるようになる、というものです。

その後、ろうそくからお線香に火をつけます。ここで立ち上る煙は、自分を清めるものとされています。そして最後に、盆ざるにお金を入れて洗うのです。

銭洗弁天は各地にありますが、もし「行きたいけれど、どこにしたらいいかな？」と思われたら、宇賀福神社、おすすめです。

●道端で小銭を見つけたら？

臨時収入は振る舞って使う。銭洗弁天で洗ったお金も、すぐに使う。

ここにもう一つ、付け加えたいのは、「道端で小銭を見つけたら、どうするか？」という問題です。

これが、じつは考え方の分かれるところで、一方には、「小銭を拾う」なんて小さなことで、持っている運を使わないほうがいい、という考え方があります。やがてやってくる幸運を、最大化するために、小さな幸運はスルーしたほうがいい、というわけですね。

勝負師的に「人生八勝七敗」と考え、勝つときにしっかり、大きく勝ちたい。

こういう価値観ならば、たしかに、道端の小銭にかまけている場合ではないというのも、一つの考え方でしょう。

その一方には、小銭を拾うことで、誰からも見向きもされていない小銭に、本来の価値を取り戻させてあげることができる、という考え方もあります。

そうとらえたとしたら、小銭を拾うことで「運を使う」というより、お金を敬うことで「徳を積む」と言ったほうが、ふさわしいでしょう。

このように、どんなに少額であっても、つねにお金を敬うこと。それが巡り巡って、いつのまにか金運アップにつながるのではないか。

僕はどちらかというと、先の勝負師的な考え方より、こちらの考え方のほうがしっくりきます。

お金は、使われない限り、ただの金属片です。お金の身になってみれば、たとえ1円でも5円でも10円でも、その価値が役立てられないまま、というのは少しかわいそうな気がしませんか?

「1円を笑う者は、1円に泣く」とも言われるように、仮に100万円をポンと払えるような財力があり、1円玉になんて目もくれない人でも、たった1円、足りないだけで物は買えません。

たとえ1円といえども、ないがしろにするべきではない、だから小銭が落ちているのを見て見ぬ振りというのは、僕は、したくないのです。

道端で小銭を見つけたら、僕は必ず拾います。

拾ってあげることで本来の働きに返してあげることができるからです。

これで少なくとも、それまで道端で死んでいたお金は、また別の人生（お金ですから、「金生」でしょうか）を歩み始めることができます。

このように、本来、価値あるものとして世の中を巡っているべきものを、その本来どおりの姿に戻してあげる、という感じ。

ただ拾って世の中に回すだけで、「死に金」を「生き金」に変えられる、そうして、一つ小さな「徳」を積める気がするのです。

4章

運は貯めるもの、分けるもの

――「貯運」と「お福分け」のコツ

◉運が強くなる環境はこうしてつくる！「いい気」を引き寄せる掃除法

ここからは、風水の視点なども交えて、運を貯めるコツや運を分けるコツをお伝えしていきたいと思います。

まず紹介していきたいのが、「運が強くなる環境づくり」。部屋はもちろん、心も体も、運がみるみる貯まる状態に整えていきましょう。

家の方角などで運気を占ったり、運を強くしたりする「風水」では、文字どおり「風」と「水」が重視されています。一言で言えば、風通しがよく、水回りがきれいな部屋が、いい気を引き寄せると言えます。

「風通しがいい」とは、言い換えれば、すっきりと片付いている部屋のこと。埃《ほこり》や塵《ちり》が溜まっておらず、空気が淀んでいない状態です。模様替えをするときも、風の通り道を意識するといいかもしれません。

そして「水回りがきれい」とは、言うまでもないかもしれませんが、トイレやバスルーム、キッチンなど、水の流れる場所が清潔であるということです。

風水では、家の方角や部屋の配置も重視されますが、そうした環境を自分では変えられない場合も多いものです。だから、まずは、自分で何とかできる「風通し」と「水回り」に気をつけると良いと思います。

そうは言っても、忙しくて、毎日、部屋中を掃除するのはけっこう大変、と思う人もいるでしょう。

そういう人は、せめて次の3箇所だけは、いつもきれいにしておいてください。

まず、玄関です。

家の入り口である玄関は、運の入り口でもあります。玄関がすっきりきれいな家に行くと、気持ちよく足を踏み入れられます。それは運も同じで、玄関が埃っぽくなく、きれいに片付いている家には、幸運も寄りつきやすいのです。

次はトイレ。風水では、トイレは「金運にまつわる場所」とされています。

実際、各界の有名人でも、和田アキ子さんやビートたけしさん、ゴルフの石川遼さんなどなど、トイレ掃除に気を使っている人を挙げだしたら、キリがありません。

トイレ掃除には、水回りをきれいにするということ以外にも、二つほど、運を高める効果があると思います。

一つは、「ご不浄」とも呼ばれる汚い場所を、率先して掃除することで、「徳」が積まれるということ。人がしたがらないことを積極的にする姿勢が、徳を積むことにつながるからです。

もう一つは、「人がしたがらないことをする」というクセがつくと、ビジネスチャンスに対する嗅覚も磨かれるのではないか、ということです。

みんながやりたがっていることをしても、すでにライバルだらけです。

そこで、あえて、人がやりたがらないことに目を向けると、意外なニッチ産業を思いついたりする。そういう嗅覚が、日頃のトイレ掃除で磨かれるのではないかな、と思います。

そしてもう1箇所が、「北東」です。方位磁石を持っていなくても、今はスマートフォンのアプリで、簡単に方角がわかります。

北東は「鬼門」とされ、ただでさえ悪い気が入ってきやすい方角です。ここに埃が溜まっていたり、不要物がゴチャゴチャと置かれていたりすると、悪い気が集まってきてしまうのです。

家全体が清潔で風通しが良いに越したことはありませんが、とくに**玄関、トイレ、北東の方角は、つねに掃き（拭き）清め、物を整理しておくと良い**でしょう。

風水的に家の方角が悪い、部屋の配置が悪いと言われても、すぐには、どうしようもありません。でも、風通しと水回りに気をつけること、とくに、今言った3箇所を徹底的に掃除することなら、今日からでも、できそうではありませんか？

◉調子をあげる「マイ・ミネラルウォーター」

人の体は、60パーセントが「水」と言われています。

古来、文明は水辺（川のほとり）で発展してきましたし、高名なパワースポットは必ずと言っていいほど、水が豊かで苔《こけ》むしていたりします。日本語では置かれた環境に合うことを「水が合う」とも言いますね。

「水」と「人間」は、このように切っても切れないもの。そう考えると、毎日、体に入れる水にも気を使いたくなってきます。

今は、水道水ではなく、ミネラルウォーターを買って飲んでいるという人が多いと思います。

であれば、琉球風水志《りゅうきゅうふうすいし》のシウマさんが研究されている「マイ・ミネラルウォーター」という考えをおすすめします。方法はいたって簡単！　1週間ずつくらい、違う種類のお水を試してみるだけ。今日から1週間は「ボルヴィック」、その次の1週間は「南アルプスの天然水」「エビアン」「おいしい水　六甲」……という感じです。

全国に流通しているミネラルウォーター以外にも、「地ビール」ならぬ「地ミネラルウォーター」が売られている地域もありますよね。そういうのも、加えてみるといいと思います。

ミネラルウォーターは、各種少しずつ成分が違いますし、採水された土地の「気」も含んでいると思います。

住んでいる場所に関わらず、**「この土地の水を飲むと調子がいい」「気分がいい」といった変化が感じられたら、その水を「マイ・ミネラルウォーター」にするといい**でしょう。

パワースポットの湧き水を試してみるのも、おすすめです。

奇跡を起こす水といえば「ルルドの泉」が世界的に有名ですが、日本にもすごい水があるのです。ここでは日本の三大パワースポットを紹介しておきましょう。

一つは、おなじみ富士山です。パワースポットとしても有名な富士山の山麓には、湧き水の湧いているところが数々あります。

なかでも有名なのが、「忍野八海《おしのはっかい》」。数十年もの年月をかけて濾過《ろか》された富士山の雪解け水が、その名のとおり八つの泉から湧き出ており、これ自体が国指定の天然記念物となっています。

二つめは、能登半島の先端、珠洲岬《すずみさき》にある「ランプの宿」の湧き水です。

珠洲岬は、その独特な地形から、海では対馬暖流とリマン寒流という二つの海流が、上空では寒帯ジェット気流と亜熱帯ジェット気流がぶつかっています。

海と空で寒暖の流れがぶつかっているのは、気象学や海洋学から見ても貴重で、世界的にも珍しい波動集積地、とも言われています。

これが天候に影響し、たとえば冬に北陸全体で雪が降っているのに、珠洲岬だけは調子が良くなる「マイ・ミネラルウォーター」を持とう！

降っていなかったりと、不思議な現象が多く見られるのです。

　この一帯で汲んだ水は、古くから傷やかぶれ、痛みなどの治療に重用されてきたと言います。「なぜか腐らない」という特徴があり、ランプの宿で売られている120年前の水「百年水」は、なんと一升瓶1本で1億2千万円！

　これを買うのはさすがに無理でしょうが……、普段から湧き出ている水は、汲んで持って帰ることができます。

　そしてもう一つが、長野県の分杭《ぶんぐい》峠《とうげ》というパワースポットの湧き水です。

分杭峠は、通称「ゼロ磁場」と呼ばれる場所。諸説あるようですが、地中で巨大なプレートが、まるで横綱ががっぷり四つに組んでいるかのように、ものすごい力で押し合っており、そのパワーが均衡しているために「ゼロ磁場」になっているという説があります。

実際、分杭峠では、方位磁石の針がクルクル回ってしまいます。磁石がどちらにも振れないほど、磁力が均衡しているということですね。

ここに行くと、なんとも言えず体にエネルギーがみなぎるように感じる人も多いようです。腰痛や肩こりの痛みが消えてしまった、などの話もよく聞きます。

これらの湧き水は、現地でしか入手できないので少し大変ですが、パワースポットだけあって、かなり期待できます。

市販のミネラルウォーターに加えて、「マイ・ミネラルウォーター」の候補に入れてもいいかもしれません。

◉家の中で「いい気」を浴びる方法

パワースポットに出かけなくても、家のなかで「いい気」を浴びる方法があります。家の中でも、いろいろな気が流れています。悪い気が流れている場所もあれば、いい気が流れている場所もあるでしょう。

ですから、家の中で「いい気」を浴びるには、一番「いい気」が流れている場所を探し当てて、そこで過ごす時間を増やすだけ。居ながらにして運を蓄えられるので、よく人にもおすすめしています。

では、いい気が流れている場所を探すにはどうしたらいいかというと、超簡単です。まず、生花を数本、買ってきます。何の花でもいいのですが、種類は一つにしてください。それを1本ずつ花瓶に挿し、家のいろいろなところに置きます。その後の経

家の中で「いい気」が流れている場所を探そう！
こっちよりあっちの方が「いい気」が流れてる

過を比べたいので、花瓶や水は、なるべく同じ条件にそろえましょう。

すると、花の枯れるスピードが速い場所と、遅い場所があることに気づくはずです。

花がもっとも長持ちする場所が、家の中で一番「いい気」が流れている場所、というわけです。

さあ、これで家の中で「いい気」が流れている場所がわかりました。

そうしたら、もし可能であれば、寝床をその場所に設置できると理想的です。

ベッドでも布団でも、寝床は1日の約3分の1の時間を過ごすところ。しかも、寝ている間というのは、よくも悪くも「気」に影響されやすいので、なるべく「いい気」が流れている場所で寝たほうがいいのです。

ベッドが無理なら、ソファなどでもかまいません。とにかく、「いい気」が流れている場所で、より長く過ごせるようにする。これだけで、心身に「いい気」が充電されて、より元気でいられるでしょう。

では、花がすぐに枯れてしまう場所、イコール「悪い気」が流れていると思われる場所は、どうしたらいいでしょうか。

何も置かないのも手ですが、そこに人がいなくても済むように、タンスなどの家具を置くといいでしょう。

「いい気」が流れている方角に引越しなんてしなくても、今、自分が住んでいる場所でも、「悪い気」を避け、「いい気」を浴び続けることはできるのです。

◉体を休めるには「北枕」、発想力を高めるには「東枕」がいい

「北枕は縁起が悪い」と言われていますが、その理由を知っていますか？

仏教のお葬式では、ご遺体の頭を北側に向けるため、死人と同じ向きに頭を向けるのは縁起が悪い。たしかにこれが主な理由です。

ではなぜ、ご遺体の頭を北側に向けるかというと、お釈迦様が亡くなるときに頭を北側に向けていたからです。

このように「死」と結びついているため、仏教徒が多い日本では、北枕は縁起が悪いとされてきたわけです。

一方、風水では「北枕が一番いい」とされています。その理由は、磁力です。

地球の地磁気は北から南へと流れているため、体は南北に横たえる、しかも北に頭

を向けると地球の磁気を取り込みやすくなります。すると血流がよくなったりするため、北枕のほうが安眠できると考えられているのです。

このように、科学的に見れば、北枕のほうがよさそうです。とくに「最近、疲れが取れないな」「エネルギーをセーブしたいな」というときは、北枕にして地球のエネルギーを取り込むといいでしょう。

「北枕は縁起が悪い」というのが気になる人も、死んだ人と同じ方向と考えるのではなく、お釈迦様と同じ方向、と考えてみてはいかがでしょう。

実際、「後生願うは北枕」ということわざもあります。

これは「死んだ後の安楽を願う人は、北枕で寝る」という意味。お釈迦様が亡くなったときと同じ方向にして寝れば、自分の死後も安楽に違いないというのは、昔の人も考えていたことなんです。

一方、ビジネスマンやクリエイターには、頭を東の方角に向けて寝ている人が多いようです。

これは、太陽が東から昇ってくるから。東に頭を向けると、その日最初の陽光（のエネルギー）を頭に浴びることになります。すると、太陽が昇って暗い大地を照らすように、アイデアが湧き出やすくなると考えられているのです。

疲れをとりたいとき、エネルギーを蓄えたいときには北枕。

アイデア力、思考力を高めたいときは東枕。

寝るときの頭の方向を、そのときどきの自分のニーズによって変えることも、運を貯める一つの方法と言えるでしょう。

◉トイレに絶対置いてはいけないもの、置くべきもの

前に、家のなかでも玄関、トイレ、北東に当たる場所の3箇所は、つねにきれいにしておいたほうがいい、とお話ししました。

このなかでも「悪い気」がたまりやすいトイレには、あといくつか、気をつけたいことがあります。

まず気をつけたいのは、トイレ用のグッズ以外のものは、何も置かない、ということ。トイレに本や時計、カレンダーなどを置いている人も多いと思いますが、とくに置きたくないのは時計とカレンダーです。

時計もカレンダーも、当然ながらスケジュールに関係しているものです。それが悪い気の流れているトイレに置かれていると、スケジュール管理に悪影響が出る可能性があるのです。

たとえば、よく予定を忘れる、寝坊が多い、ダブルブッキングしてしまうなど、スケジュール管理の失敗が続いている人。

あるいは、これから仕事のスケジューリングがうまくなりたい、仕事をよりスムーズに進めたいという人。

もしトイレに時計やカレンダーを置いているのなら、すぐに別のところへ移動したほうがいいでしょう。

反対に、トイレにぜひ置いてほしいのは、トイレ専用のマットとスリッパです。

おそらく大半の人がマットとスリッパは置いていると思いますが、単にトイレの汚れを部屋に持ち込まないためだけではありません。トイレの「悪い気」を部屋に持ち込まないため、という意味もあると考えてください。

◉「50個捨てる」――すると運気が上がる

ものを捨てると、心もスッキリ。

だから、失恋や仕事のミス、人間関係のいざこざをクヨクヨと引きずってしまっているときは、断捨離をするといい。

というのは、『ホンマでっか⁉TV』でもおなじみの心理学者、植木理恵さんがおっしゃっていたことです。

ものを捨てて身の回りを整理するのは、「風通しをよくする」という貯運術から見ても、理にかなっていると思います。悩んだり迷ったりしてなかなか前に進めないときには断捨離。心も部屋も風通しがよくなることで、運気も上がるでしょう。

ただ、単に「ものを捨てよう」と言われても、捨てることに慣れていない人、ものへの執着が強い人は悩んでしまうかもしれません。何を、どれくらい捨てたら、断捨離をしたことになるのかわからない……というのも、わかる気がします。

そういう人は、「50個捨てる」と決めてみてください。

不要なものを2個や3個なら、誰でも簡単に捨てられるでしょう。ただ、簡単なだけに、あまり効果がないと思われます。

断捨離の効果を求めるなら、ある程度、「捨てたな！」「スッキリしたな！」という実感を得ることが必要。「思い切って捨てた感」が、部屋も心もグンと風通しよくなったように感じるポイントなのです。

だから、捨てるものの数は、思い切って50個。2個、3個、5個、10個くらいまでは順調に捨てられても、20個、30個……というあたりで、たいていは「捨てようかな、どうしようかな」という迷いが生じてくるといいます。

「これは誰々にもらったんだよな」

「これを買ったときには、こんな思い出があるな」

こんなふうに、どんどん浮かび上がる物への思いを、「でも、いらないから捨てよう」と断ち切り、ようやく50個捨てきった先に、段違いのスッキリ感が訪れます。

これがすなわち、部屋も心もグンと風通しがよくなった！という感覚。心がリセットされた感じ、と言ってもいいでしょう。

捨てるごとに気持ちが軽くなっていくのは、なんとも言えず快いものです。はっきり言って、50個捨てるのはかなり大変だと思いますが、反面、闇雲《やみくも》に捨てるより、具体的な「数値目標」があったほうが、取り組みやすいはずです。

今までもお話ししてきたように、運は「運ぶ」ということ。

部屋も心も淀んだままでは、行動力も鈍ってしまいます。**身の回りで風が通って空気が動くように、そして自分自身が身軽になってフットワーク軽く動けるように、「50個捨てる断捨離」**、ぜひやってみてください。

◉お金は、「お金が好き」な人が好き

金運を上げたいなら、まず「お金に対するマインドセット」を変えたほうがいいと思います。

お金が大好きで、たくさん欲しいと願っていながら、どこかで「お金儲けは汚いこと」というイメージが拭《ぬぐ》えない。日本人のＤＮＡには、どうも「お金＝卑《いや》しいもの」という観念が刷り込まれている、とも言われています。

清貧が美徳とされ、子どもの前でお金の話をするなんて論外。これは日本人ならではの価値観であり、一面、尊い部分もあるとは思います。

でも、こんなふうにお金を悪者扱いするばかりでは、金運は上がらなくて当然ではないでしょうか。誰も自分を嫌っている人には寄りつきたくないように、お金だって、自分を悪者扱いする人のところにはやってきませんから。

お金に対する「マインドセット」を変える

お金儲けは、決して汚いことではなく、新しいことやワクワクすることを生み出すこと。そして、人様からお金をいただき、そのお金を景気よく使う、あるいは多額の寄付をしてお金を世の中に回せば、儲けは世間様に還元されます。

アメリカのお金持ちは、みなそういう考え方をしているといいます。

だから、マイクロソフト創業者のビル・ゲイツ、フェイスブック創立者のマーク・ザッカーバーグ、世界屈指の投資家であるウォーレン・バフェットなどなど、名だたる大金持ちは、例外なく多額の寄付を行なっています。

それ自体が、多額の税金対策になるという一面もあるようですが、多額の寄付によって、世間から得た富を還元していることには変わりありません。

一言で言えば、**お金とは、世の中を底上げするエネルギー。お金儲けは、そのエネルギーを得ることで、世間に貢献することなのだと考えればいいと思います。**

このようにお金に対するマインドセットを変えると、いわゆるお金持ち、成功者を見る目も違ってくるのではないでしょうか。

お金を悪者扱いしていると、「何か悪いことをしてお金を儲けたに違いない」「利益ばかり追求して、卑しい人だ」という見方をしがちです。

でも、お金そのものを良いものだと思えたら、どうやってお金を儲けたのか、謙虚に、真摯に学ぶ姿勢になれそうです。

お金のマインドセットが変わると、お金持ちから積極的に教訓を得ようとし、お金持ち思考に近づきやすくなる。これも、金運アップの元と言えます。

◉スマホ、パソコンの画面から元気をもらおう

一日にスマホを見ている時間って、いったいどれくらいでしょう。あまり意識していないと思いますが、かなりの時間になると思います。

テレビを見ている時間よりはるかに長いでしょうし、もしかしたら、家族の顔を見ている時間よりも長いかも……？

となると別の問題にも発展しそうなので、この話は置いておいて（笑）、ともかく、それだけ長時間、見ている画面を貯運に役立てない手はありません。

おすすめは、**パワースポットの写真を待ち受け画面にすること**です。

パワースポットは、実際に行ってみるのが一番ですが、忙しいと、そう頻繁に行けるものではありません。

そこでスマホの待ち受け画面にしておけば、スマホにタッチするたび、パワースポットの風景を見ることができます。それだけでも、気分が上がったり、癒されたりと、いい効果が得られるでしょう。

有名なパワースポットでなくても、見るだけで癒されるとか、元気が出るといった場所の写真や、縁起の良いものの写真でもいいでしょう。何なら、自分の子どももやペットの写真でもいいと思います。

仕事柄、ずっとパソコンを見ているという人は、パソコンのデスクトップを、先ほど挙げたような写真に設定するといいでしょう。

パソコンには、たいてい、きれいな風景や動物の写真がデフォルトで設定されていますが、そんな何の思い入れもない、お仕着せの写真にしておくのは、もったいないと思います。

「よく見るもの」という意味では、スマホやパソコン以外に「部屋の壁」も見過ごせません。

実際、社長室に山やお城の絵とか写真が飾られている企業も多く目にします。

じつは、山やお城は仕事運を上げてくれるものなのです。企業の社長さんには、意外と占いやゲン担ぎを信じる人が多いので、おそらく意識的に、社運を上げるものを飾るようにしているのでしょう。

ただし、仕事運を上げるものイコール、エネルギッシュなものですから、寝室に飾るとかえって安眠を妨げる可能性があります。寝室に飾るなら、癒し効果のある森の写真などがおすすめです。

◉パワースポットは、自分の感覚で選んでいい

国内外を問わずパワースポットはたくさんありますが、そのなかでも相性のいいパワースポット、あまり相性のよくないパワースポットがあるように思います。

パワースポットと聞いて行ってみたものの、深呼吸をしても何も感じなかった、あまりいい感じがしなかった……。

こんな経験のある人も、いるのではないでしょうか。

でも、それは自分の感性が悪いとか鈍いとかではなく、単に相性が合わなかっただけなのでしょう。**パワースポットは有名かどうか、人の評判がどうかではなく、自分の感覚で判断していい**と思います。

逆に、散歩中や旅行などでふと足が向いた場所で、なんだかすごく気分がよくなっ

た、空気がしっくり体に馴染む感じがした、ということがあったら、きっと自分と相性のいい気を発している場所ということです。

人によっては、それは一般にパワースポットとされている場所ではなく、単なる公園かもしれませんし、カフェやレストランかもしれません。他人にはまったく見分けがつかない、街中のあるポイントかもしれません。

そういう場所を「マイ・パワースポット」として覚えておいて、調子が上がらないときや、エネルギーを充電したいときに訪れるのもいいでしょう。

また、自分の住まいや職場、学校の近くの氏神様《うじがみさま》にも、折に触れてお参りに行きたいものです。

東京の明治神宮や三重県の伊勢神宮は、名高い神社として有名ですが、氏神様は、何と言っても「一番近くで守ってくれている神様」。規模や知名度は関係ありません。

人間同士でも、一番側にいる人を大切にできない人はよくないって言いますよね。

神様に対してもまったく同じで、**自分の生活や仕事、勉強を見守ってくれている、**

一番近くの神様へのお参りは、欠かさないようにしたほうがいいでしょう。

神社本庁のサイトには、各都道府県の神社庁（東京なら、東京都神社庁）へのリンクが貼ってあり、そのうちの多くが、住所から氏神様を検索できるようになっています。検索がついていない場合は、電話で問い合わせれば教えてもらえるはずです。

お参りといえば、受験のときは受ける学校の氏神様、採用面接のときは受ける企業の氏神様という具合に、これから臨む場所の氏神様にお参りしておくのも、おすすめです。

氏神様へのお参りは、その土地とのご縁をつなぐようなもの。「氏神様にもご挨拶した」という安心感があると、平常心で本来の力を発揮できそうです。

◉神様をいただく、ありがたいパワーフード

古くは勝負前夜の「カツ丼」（勝負事に「勝つ」の意味）。

近年では受験シーズンの「キットカット」（「きっと勝つ」の意味）。

こうして勝負前の食べ物に願を掛けるのは、日本独特の風習なのでしょうか。お正月のお節料理も、「黒豆煮＝マメに生きる」「田作り＝子孫繁栄」「栗きんとん＝金運アップ」というように、一つひとつ意味があります。

噺家の家では、昔から、大事な仕事の前に「天重」を食べてきたといいます。天重には、人が生活するうえで欠かせない三つのものが含まれているからだそうです。それは、「衣・食・住」。「衣（ころも）」のついた天ぷらが「住（お重）」に入っている「食（食べ物）」、ということで、「衣・食・住」すべてが足りるように、という願掛けになっているそうなのです。

さらに、デザートには「ぜんざい」を食べると最強と言われます。

ぜんざいの発祥は、島根県の出雲です。

10月は神様がみな出雲に行ってしまうため、通常は「神無月《かんなづき》」と言われますが、神様が集まる出雲では、逆に「神在月《かみありづき》」と呼びます。

「神在」を音読みすると「じんざい」、これが転じて「ぜんざい」になったのが、あの食べ物の「ぜんざい」なのだそうです。

つまり、「ぜんざい」の由来は「神在」。言い換えれば、神様をいただくことができる、ありがたい食べ物なのです。

単なる願掛け、言葉遊びと言えばそれまでですが、由来を知ると、ちょっとやってみたくなりませんか？

大事な仕事の前には、最強のパワーフード、天重とおぜんざい。「これで仕事運が上がったな〜」とワクワク気分で仕事に臨めば、たしかに全部うまくいきそうな気がしてきます。

◉今田さんの長財布、ザキヤマさんの白テーブル、三村さんの千円札

憧れの人や成功者からお下がりをもらうと、仕事運や金運がアップする。

これは、昔からよく言われることです。実際、芸能界でも、成功した先輩からお下がりをもらった人が次々に成功していく、というエピソードには事欠きません。

芸人の間でもいくつかあるのですが、とくに有名なのは「今田さんの長財布」と「ザキヤマさんのテーブル」です。

今田耕司さんの長財布は、最初に次長課長の河本準一さん、続いて麒麟の田村裕《ひろし》さん、天津の木村卓寛《たくひろ》さん、パンクブーブーの黒瀬純さんへ、という具合に次々と渡り歩いています。

ざっと並べてみただけでもわかると思いますが、みなさん、キングオブコントで優勝したり、本がミリオンセラーになったり、テレビ出演が激増したりなど、大きな成功を収めている人ばかり。それが起こったのはすべて、長財布をもらった直後のことだったそうです。

一度、その長財布を見せてもらったことがあります。

持ち主が何人も変わってきた財布だけあって年季は入っているのですが、とてもきれいでした。みな「大先輩から受け継がれてきたものだから」と、大事に大事に使ってきたのでしょう。

最初に手放した今田さんは、使わなくなった財布を、何気なく後輩にあげただけだったのかもしれません。

でも、それがいつしか「成功を呼ぶ伝説の財布」となり、受け取った人は「伝説を途切れさせないようにがんばろう」「大事に使って、自分が成功したら後輩にあげよう」と奮起するようになったとは、なんだかいい話ですよね。

「ザキヤマさんの白テーブル」も、似たエピソードです。

ザキヤマこと山崎弘也《ひろなり》さんが、引越しで不要となった白いテーブルを、後輩のゆってぃさんにあげたら、「ワカチコ！　ワカチコ！」のネタでドカンと売れ、ゆってぃさんから鬼ヶ島の和田貴志さんにあげたら、キングオブコントで準優勝し……。

という感じで、テーブルをお下がりでもらった人が、やはり成功しています。


じつは僕にも、大先輩からいただいたラッキーアイテムがあります。

コンビを解散し、ピンになって初めてのお笑いライブの出番前に、舞台ソデで緊張しまくっていたら、さまぁ～ずの三村マサカズさんが通りかかりました。

「なんだお前、緊張してるのかよ」とおっしゃる三村さんに、思わず「はい、やばいんです」とこぼすと、「じゃあ、俺がお小遣いやるよ」と、ポケットからしわくちゃの千円札をくれました。

「お小遣いって、千円かよ！」というところで、きっと僕の気を紛らわそうとしてくれたのでしょう。三村さんの温かい人柄がまっすぐに伝わってきて、本当にホッとしたのを覚えています。

そして本番後、「三村さん、さっきはありがとうございました。おかげさまでうまくいったので、千円、お返しします」と言ったら、「いいよ、いいよ、あれは俺からお前への声援（千円）だから」なんてダジャレを言って笑っています。

「いつか今日のお前みたいに、舞台ソデで緊張して震えている後輩がいたら、渡してやってくれよ」――そんなこともおっしゃっていました。


僕にとっては、その千円札が「今田さんの長財布」であり、「ザキヤマさんの白テーブル」です。

いつか大きな成功を収め、後輩からも尊敬されるような人物になれたら、誰かに譲ろう。それまでは「お守り」にしようと思って、いつも財布に忍ばせています。

これは成功へのプレッシャーとも言えますが、やる気を高めてくれる、心地よいプレッシャーです。財布にその「千円」、もとい「声援」があると思うだけで、「よっしゃ、今日もがんばるか」と思えるのです。

そしていつか後輩に渡すときには、「もっと高いところ目指して行けよ」という声援を込めたい。そうしてこそ、三村さんから受け取った成功のバトンを、本当の意味で引き継ぐことになる気がするからです。

三村さんだけではありません。前にもお話ししたダウンタウンの松本さんやバナナマンの設楽さんをはじめ、僕は、すでに多くの先輩から、運をお裾分けしてもらってきたと感じています。

コンビを解散して、お笑いをやめようと思ったときに、「あと1年、お笑いともう一つ別なことの二つをがんばってみろ」と叱咤《しった》激励《げきれい》してくださったのは、和田アキ子さんでした。

あの一言がなければ、手相で仕事のチャンスを得ることもなかったでしょう。

今の自分があるのは、たくさんの方々から運をお裾分けしてもらえた、ご縁のおかげです。

一体、いつになるかわからないけれど、次は自分が後輩に運を分ける番。それにふさわしい存在となれるよう、がんばろうと思うのです。

◉「いつも自分を見守っている存在」を心の中に持つ

僕は、高校生のときに父を亡くしました。がんでした。

今から10年ほど前のこと、ちょうどコンビを解散して仕事をどうしようかと悩んでいたときに、父がつけていたノートが見つかりました。

表紙には「秀平へ」とありました。

僕には二人の姉がいるのですが、姉たちそれぞれに宛てられたノートも一緒に見つかりました。

当時、姉のうち一人は出産したばかり、もう一人の姉は結婚したばかり。つまり、姉二人は結婚と出産、僕は仕事と、それぞれ人生の岐路に立って悩んでいるときに、父のノートが見つかったのです。

僕宛のノートを読んでみて、さらに驚きました。まるで僕が置かれた状況への答えを示すかのように、「仕事とは」「人生とは」といったことが、父の視点で綴られていたからです。

姉二人に聞いてみると、やはり「結婚とは」「子育てとは」といったことが書かれていて、びっくりしたと言います。

仕事も結婚も出産も、人生の普遍的なテーマですから、そういうことが書かれていること自体には、あまり不思議はありません。でも、ちょうど絶妙なタイミングでノートが見つかったことには、何か見えざる力を感じてしまうのです。

僕は手相をやってはいますが、占いとは適度な距離感が必要だと思っていたりと、割と冷静なスタンスを保っています。

それでも、こういう不思議な体験をすると、「父が自分を見守っていて、ちょうどいいタイミングでノートを読ませてくれたのかな」と思えてきます。ノートが見つかってからは、それまで以上に、父の存在を強く感じるようになりました。

霊魂の存在なんて大層なことを問いはじめたらキリがありませんし、おそらく永遠に答えも出ないでしょう。

ただ、**いつも自分を見守ってくれている存在を心の中に持つのは、個々の貯運にもつながる**ことだと思います。

亡くなった親御さんや、大好きだったおじいさんやおばあさん。

昔、お世話になった先生や、近所のおばさん。

誰であれ、もう実在はしないけれど、心強い自分の味方。その存在に恥じないよう、胸を張れるよう、がんばろうと自分自身が思うほど、運の力も強くなっていくように思うのです。

◉ご先祖様のエネルギーを感じられる、お墓参り

祖父母や両親の命日はもちろん、月命日にもお参りを欠かさない、という俳優さんや社長さんの話を、よく聞きます。

みなさん、「お墓参りをすると気持ちがリセットされて、またがんばれるんです」などと口をそろえます。お墓参りは、ご先祖様への礼儀。と同時に、自分自身が元気づけられるから、お参りをしているのです。心理学的にも、お墓参りをすると、気分がスッとして悩みや迷いが消えやすいという効果が認められているようです。

僕も折に触れてお墓参りに行くので、よくわかります。

当然ですが、お墓には、自分を産んだ親がいます（僕の場合、母は健在ですが、すでにお話ししたように父は亡くなっています）。さらに親を産んだ祖父母がいて、祖父母を産んだ曾祖父母がいて、そのまた前の世代がいて……。

というように、**お墓の前にいるだけで、自分へとつながる「命の連鎖」と向き合うことができます。**

すると、こういう人たちが、がんばって生き、子を産み育ててくれたおかげで、今の自分があるんだなぁという感謝の念が、じわじわと湧き上がってくるのです。自分の迷いや悩みが、ちっぽけなものに思えてくることもあります。だから、お墓参りに行くと気持ちがリセットされて、またがんばれる気がするのでしょう。

宗教心からお墓参りに行く人もいると思いますが、宗教心からくる義務というより、ご先祖様のエネルギーを感じるために行くのもアリだと思います。

過去に存在したご先祖様のうち、誰一人を欠いても、今ここに自分はいない。そう思うと、親から祖父母、曾祖父母、さらにもっともっと遡ったご先祖様全員が、自分を応援してくれているような気にもなります。

生身の人間からリアルに応援されるのも心強いものですが、お墓の前に立つだけでも勇気凛々《りんりん》。**ご先祖様に応援されていると思うと、それはそれで百人力に感じられるのです。**

◉ご先祖様の家系図を辿ってわかる、不思議な結びつき

ご先祖様のエネルギーを感じるなら、家系図を辿ってみるのもいいでしょう。これは、お墓参りより少し大変です。でも、脈々と続くご先祖様から自分へのつながりを実感するには、一人ひとり具体的に辿ってみるのが一番です。

僕も、家系図を辿ってみたことがあります。僕のルーツは長野県にあるのですが、島田家は代々、かの真田家に仕えてきた武将でした。

そこで行き着いたのが、島田太郎兵衛という人。真田家といえば、2016年の大河ドラマでも主人公だった真田幸村が有名ですが、地元・長野県上田市では、幸村のお兄さんの信之のほうがヒーロー扱いされています。

ご存知のとおり、幸村は天下分け目の戦で豊臣方について負けました。真田家が途

絶えずに済んだのは、徳川方について勝利し、上田藩初代藩主となった信之のおかげ。だから、上田市では、信之がヒーローなんですね。

さて、僕の先祖である島田太郎兵衛は、その信之の太鼓持ちでした。

太鼓持ちというと「盛り上げ役」のようなイメージが強いと思いますが、本来は、殿様の側にいて戦術の相談をしたり、決定事項を家臣たちに伝えたりする役割でした。

昔は、戦術などを考える際にはしばしば占いが用いられており、信之の太鼓持ちだった島田太郎兵衛には、その心得もあったようです。

こういうルーツを知ると、僕が手相をやっていることも必然なのかな、と思えます。

大げさな言い方かもしれませんが、ご先祖様との結びつきが感じられ、「きっと正しい道に進んだんだ」「ご先祖様も応援してくれている」と、勇気づけられるのです。

ちなみに、島田太郎兵衛が出世したきっかけは、真田信之一家が県外から上田城に移るときに、信之の娘のまさ姫という赤ちゃんを護衛し、無事に送り届けたことだったそうです。

現代のように道路も交通手段も発達していない時代のことですから、ほとんど命がけの任務です。だから、まさ姫を送り届ける任務を無事に遂行したことが、出世する理由にもなったのでしょう。

そして昨年、僕が結婚した相手の名前も、なんと「まさ」なのです。

何の因果か、先祖・島田太郎兵衛が命に代えても守ろうとしたお姫様と同じ名前の人と、僕は結婚してしまった。となれば、奥さんが多少、いや、相当なワガママを言っても許せるな、だってお姫様だし、仕方ないか……（笑）。


ともあれ、僕自身が、家系を辿ってみて納得したり、勇気づけられたりしたので、人にもおすすめしたいな、と思ったのです。

辿ってみたら、祖先の誰々と名前が似ているとか、職業が似ているとか、何かしら共通点が見つかるでしょう。いっそ、こじつけでもいいと思います。そうやって**ご先祖様とのつながりが実感できれば、もっと百人力に感じられる**に違いありません。

5章

手相でわかる、自分のトリセツ

——手の平に現れているのは「自分自身」

◉「手」には、その人の「いろいろ」が詰まっている

「手って、本当に『その人自身』が表れてるんだなぁ」

手相を勉強し、人の「手」を見せていただく機会が増えるにつれて、ますます、こう感じるようになりました。手の線の入り方のみならず、「手」そのものが、人を表していると思います。

たとえば、若い人の手の線はあまり濃くも複雑でもないのに、中年や壮年と言われる年齢層以上の手には、濃く、複雑な線が刻まれているという傾向があります。とくに女性の手には、年を経るごとに著しい変化が見られるように思います。

年を重ねると顔の線が濃くなるように、手のシワも濃くなるのは当然、なんて思われたかもしれませんが、それは経験を積むごとに自分が確立され、自信がつくから、

手の線の主張も強くなる、と考えてもいいでしょう。

とくに女性の手の変化が大きいというのも、結婚や出産など、女性のほうが人生に起こる変化が劇的だからかなと思うと、すんなり納得できるのです。

また、手相の世界では「手の線の数は、心のアンテナの感度に比例する」と言われており、世界でも目立って手の線が多いのは、日本人とされています。

日本人は和を重んじ、相手を慮《おもんぱか》る気持ちがとくに強い国民性ですから、心のアンテナ感度が高い手になっているというのも、うなずけます。


手の線以外の特徴だと、じつは、統計的に「金運が強い人は手が柔らかい」と言われています。

実際、僕が手を触らせていただいたなかでは、秋元康さんなどは、フッカフカの柔らかい手でした。ＡＫＢ48のプロデュースなどで大成功を収めている秋元さんは、やはり金運のよい人の手をしているんだと、妙に納得してしまいました。

そんな話をしていたら、本書の編集者さんが、「知り合いのお金持ちも、とても柔らかい手をしているんです。太っているわけではなく、触ると柔らかくて肌が吸い付くような、気持ちいい手なんです」と話してくれました。

たしかに「ふくよか」とは少し違って、ゴムマリのような弾力のある、プヨプヨ、フカフカ、スベスベといった質感のよい手。

もし、仕事のパートナーや結婚相手の候補と出会ったときには、真っ先に握手をして、手の柔らかさを確認してみてもいいかもしれません。それだけを判断基準にするのは、ちょっと危険かとは思いますが……。

人間は、「手」の皮膚感覚を処理する脳領域が広いとされています。

たとえば同じ物に触れるのでも、足先で感じるより、手で感じるほうが、より豊かな触覚情報として処理されるということです。そのため、「手は、体の外にある第二の脳である」とも言われています。

言われてみれば、そうです。足先で熱いお湯に触れても、すぐには「熱い！」と感じられませんが、手先で触れたら一瞬でわかります。

日本語でも、「手の内を見せる」とか「先手を取る」「後手に回る」「手をつける（着手する）」「手を回す（先回りする）」などなど、「手」にちなんだ言葉が多いです。

このように、「手」とは、人間の体のなかでもっとも敏感であり、重要な部位の一つ。つねに多くの情報を抱えている分、手に自分の「いろいろ」――人格や人生そのものが表れていても、何も不思議ではないと思います。

そして、こんな**自分の「いろいろ」が詰まっている「手」の「相」を知ることが、運を切り開くことにもつながる**んだと、僕は考えています。

なぜなら、**手相を通じて自分を知ることで、自分の心の取り扱い方――いわば自分のトリセツがわかり、より前向きに物事に取り組む心の整え方や考え方、そして何より「自信」が身につく**のではないかと思います。

「自信」は、運の構成要素の一つだと、前にお話ししました。**手相を知り、自分を知り、自信をつけることが、よりよい人生を切り開くこと、「開運」の糸口の一つになる**のです。

◉開運の一歩は「手相＝自分自身」を知ることから

では、ここからは、手相の豆知識をお伝えしていきます。

すべてを真に受ける必要はありませんが、手相を**自分自身の「いろいろ」を知り、より自信豊かに、楽しく、前向きに生きる一つの参考に**してもらえたらうれしいです。

まず基本的な手相の話からいきましょう。

よく「右手と左手、どっちを見たらいいですか？」と聞かれますが、ここでは左手を見ることをおすすめします。

そもそも、右手と左手とでは何が違うのでしょうか。

僕がこれまで多くの人の手相を見てきた感じだと、右手の手相は「持って生まれた資質」、左手の手相は「今現在の状態」を表しています。

ここでは、手相を通じて自分を知り、未来に役立てていただきたいと思っています。

運気が上がるも下がるも未来のことですから、まずは現在の自分＝左手の手相を知って、自分のトリセツをつかんでいってください。

もう一つ、よく聞かれるのが「パッと見て運のいい手相、運の悪い手相ってありますか？」という質問です。

一言で言えば、全体的に線がくっきりと刻まれているのは運の強い手相、線が薄かったり、細い線が散らばったりしているのは運の弱い手相。これは、手相の教科書の1ページ目に載っていることです。

でも、今、自分の手を見て「なんか線が薄い？」「細い線が散らばっている⁉」なんて思ってしまった人も、安心してください。

手相（とくに左手の手相）は、変わっていきます。たとえ今は悪い相が出ていても、今後、ものの見方や考え方を変えることで手相は変わり、それにつれて運も強くなっていきます。だから、**まずは「現在の自分」を知ることが大事**だと思います。

ついでにもう一つ、トリビアを。

手相の線は、横向きの線より縦向きの線が強くて多いほうがいいとされています。たしかに、運命線や金運線は、縦向きの線です。では横向きの線はどうかというと、頭脳線、感情線、結婚線などです。

こうして並べてみると、人間の苦悩の元は横の線に集約されていると言えますね。考えたり、感情が揺れ動いたりするから、人間は悩みます。結婚もまた、そういう意味では、幸福と同時に苦悩の元でもあると言えるでしょう。

実際、結婚線は昭和初期まで「根性線」と呼ばれていました。結婚生活は我慢強くなくては続かないというわけで、いつからか根性線＝結婚線となったのでしょう。

このように、たしかに横の線は人間の苦悩を表す線。だから、「縦の線が多いほうがいい」という人もいるわけですが、ただ同時に、**横の線は「人間らしさ」を象徴する線**でもあると思います。

悩みがあるからこそ、幸せも感じられるので、**横の線がたくさんあってもいいんだ**と、僕は思っています。

手の平の基本６線

①　生命線　　④　運命線
②　感情線　　⑤　金運線
③　頭脳線　　⑥　結婚線

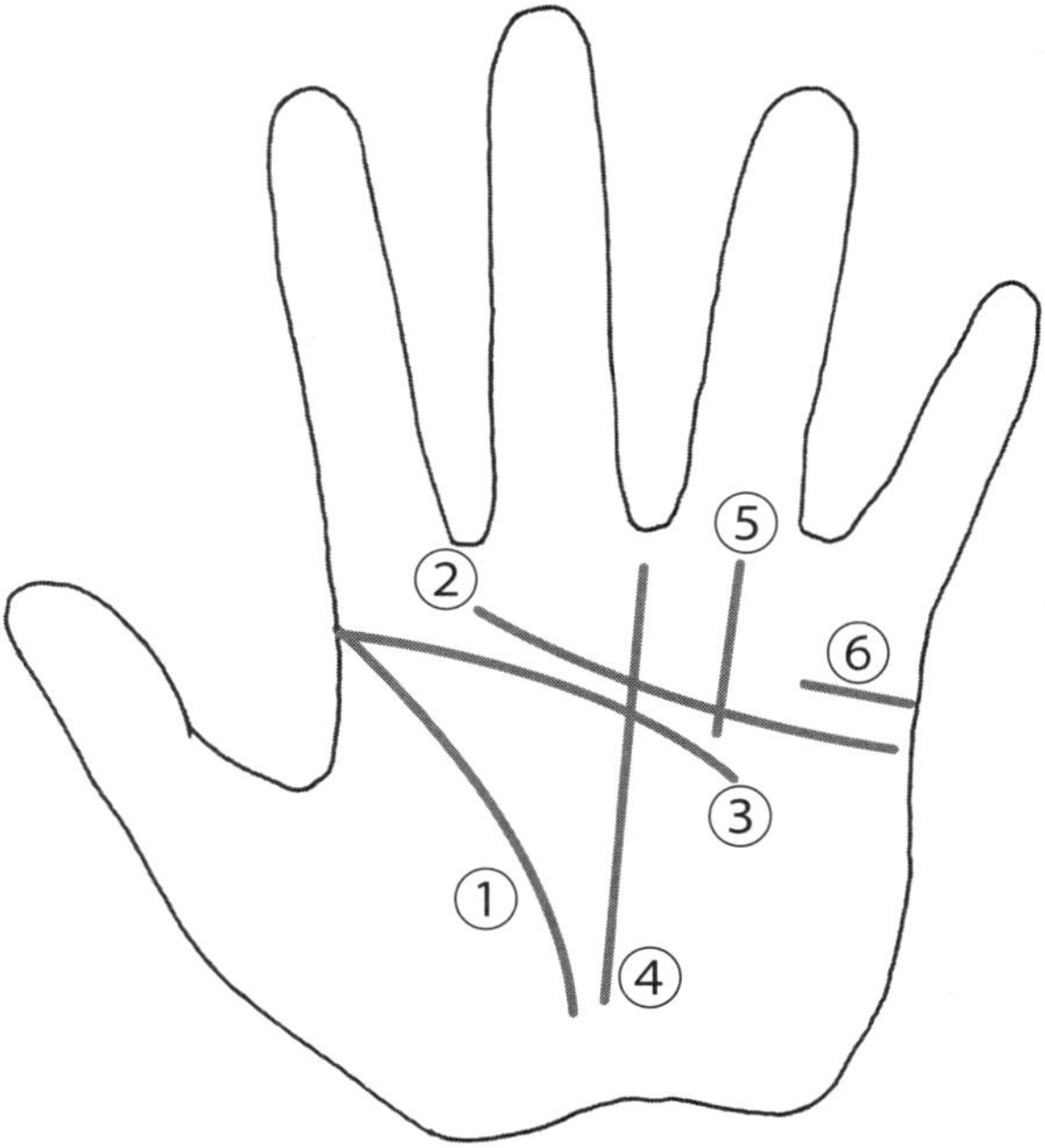

◉「生命線」――重要なのは「長さ」だけではない

生命線は、手相のなかでもっとも有名な線の一つでしょう。

そのせいか、「私、生命線がすごく短いんです。短命なんでしょうか……?」と聞かれることもしばしばです。

たしかに、「生命線が長いほど長寿の相」とされています。でも見るべきは「長さ」だけではありません。意外と知られていないのですが、じつは「線の濃さ」「カーブの強さ」も重要なのです。

生命線が短くても、線がくっきりしていて、ギューンと大きくカーブしている人は、生命力が強いと考えてかまいません。

生命線の見方

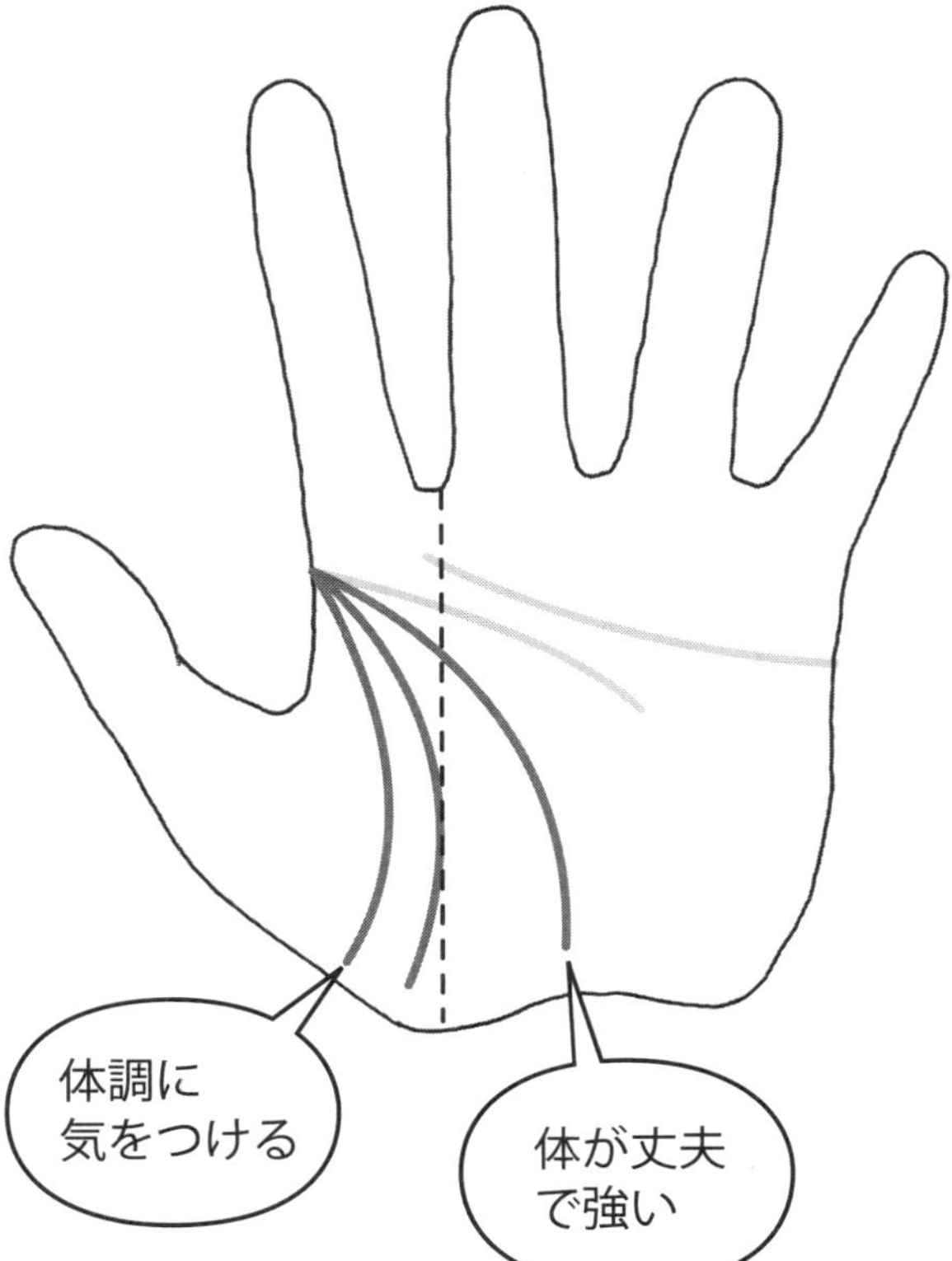
体調に
気をつける
体が丈夫
で強い

◉「頭脳線」――あなたは「思考型」？　それとも「直感型」？

親指側から小指側に向かって横方向に入っている線は、「頭脳線」です。

短いほど「おバカさん」なんて言われますが、そんなことはありません。

頭脳線が長い人は熟考したほうがいいタイプで、短い人は考えすぎずに直感でポンポン動いたほうがいいタイプ。そういう違いがあるだけです。

長い人は考えすぎて動けなくなる一面もありますし、短い人は考えが足りないためにおっちょこちょいな一面もある。両方に短所と長所があるわけです。

頭脳線は、ぜひ「角度」も見てみてください。

平行に近い線は、論理的・合理的に考えるタイプ（次ページ①）で、下に向かっている線は感情的・直感的に考えるタイプ（②）を表しています。

頭脳線の見方

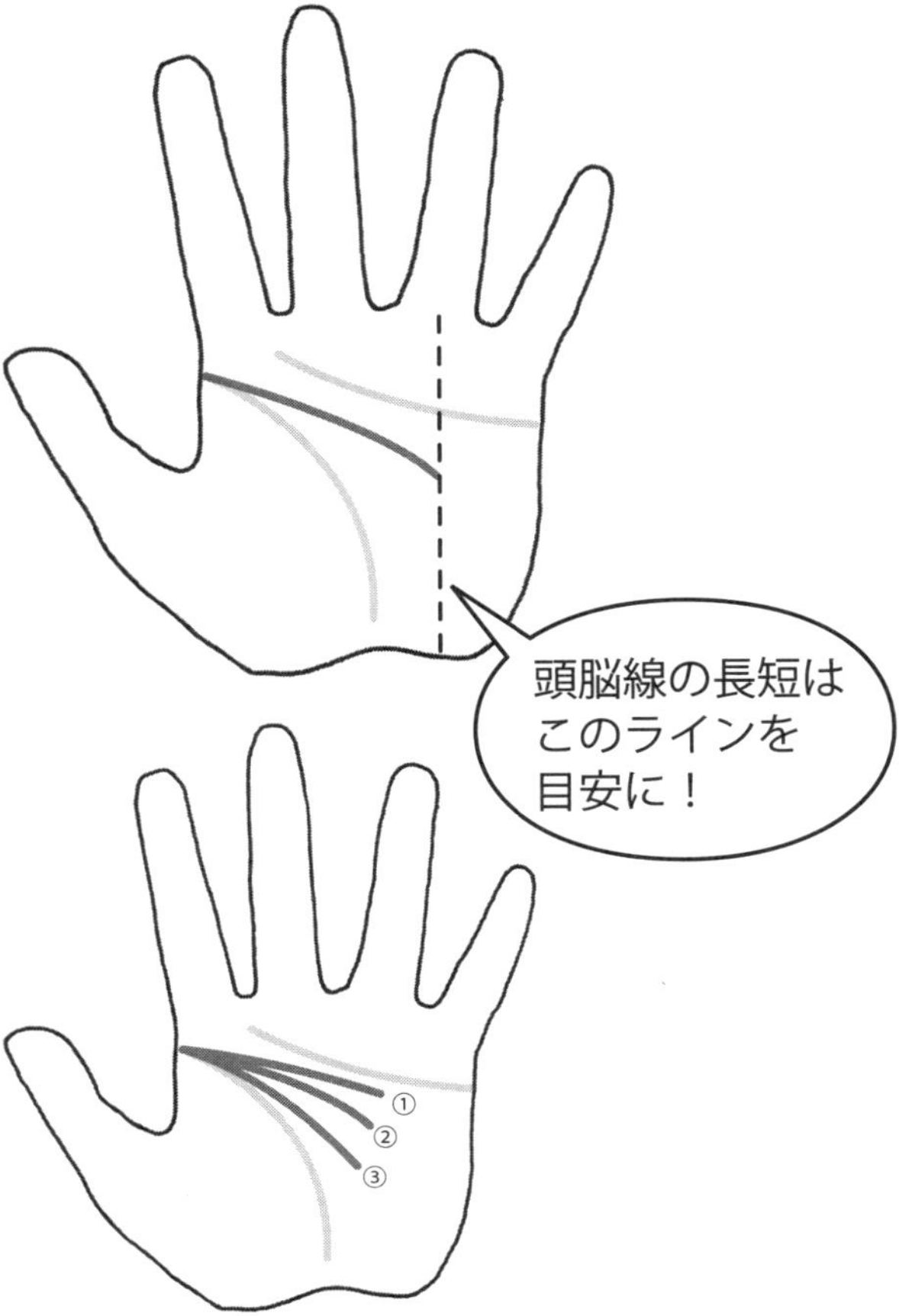

さらに、頭脳線が下向きどころか極端に、手首近くまで下に向いていたら、それは「芸術家線」（前ページ③）です。感性が鋭く豊かで、芸術センスに長けていると同時に、傷つきやすいガラスのハートの持ち主でもあります。

頭脳線のことがわかっていると、部下の指導や子育てにも役立てることができます。たとえば、頭脳線が長い相手には論理的に話し、短い相手には感覚的な言葉で話す、というように、対応を変えるのもアリですね。

お子さんに芸術家線が見られたら、美術や音楽の才能を伸ばせるかもしれません。ガラスのハートの持ち主なので、叱られるより、褒められて伸びるタイプ。ただし夢見がちな妄想型でもあるので、ときには現実を見せる厳しさも必要でしょう。

◉「感情線」――長さと角度で、「恋愛傾向」がわかる

手の平の小指側から親指側に向かって伸びている「感情線」は、感情のあり方を示す線であり、恋愛傾向がわかる線でもあります。

この線が短い人は気が短い、つまり、せっかちで怒りっぽく、恋愛では熱しやすいタイプ。さらに、何があっても気持ちの切り替えが早い傾向があります。

反対に、感情線が長い人は気も長く、恋愛感情が芽生えるのもゆっくりめ。と同時に、感情を長く保ちやすいので、割と「根に持つ系」とも言えます。

短気な人のように、わかりやすく感情をあらわにして怒るタイプではありませんが、執念深いので、実際には一番、怒らせると怖いタイプです。

次に「角度」ですが、グイーンと人差し指の方向に上がっているほど、恋愛が燃え上がりやすいタイプ（次ページ①）、逆に平坦に近いほど、気持ちの振れ幅が小さいと

感情線の見方

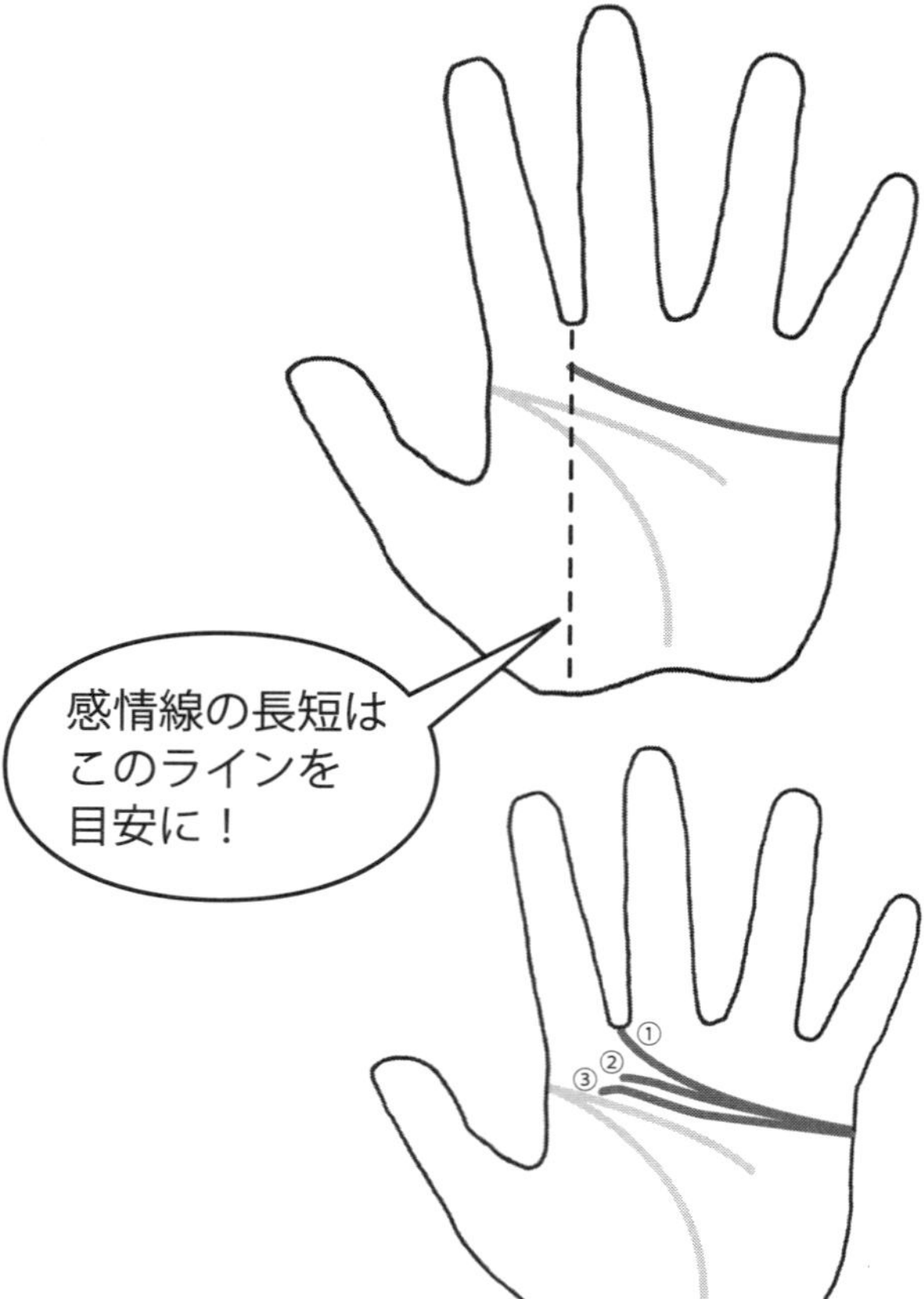

感情線から相性がわかる!?

いうことなので、ちょっと冷めた感じの恋愛（前ページ②）になります。

さらに、感情線が左下がりになっている人もいます。これは恋愛そのものに対するテンションがかなり低く、色恋とは別のこと、たとえば趣味や仕事を優先させたい、というタイプ（③）です。

恋愛は、恋愛傾向の似ている相手とのほうが、うまくいきやすいもの。恋人候補に出会ったら、感情線の長さや角度が似ているかどうか、見てみるのもアリですね。似ている人ほど相性のいい相手と手相的には言えます。

◉「結婚線」——本数と形で見えてくる結婚生活

「結婚線」は、小指の付け根と感情線の間に横向きに入っている短めの線です。

同じくらいの濃さの線が何本も入っていたら、いつでも結婚できる相。恋愛がうまくいくことが多く、結婚のチャンスも多いでしょう。

「結婚線」が1本だけくっきり入っている場合は、初恋の人と一緒になる相です。

また、小指に近いほど晩婚で、感情線に近いほど早婚です。

では、形はどうでしょう。結婚線が長く、先がやや上がっていたら、穏やかな愛情に包まれた幸せな結婚生活ができる相です。

もし先っぽが二股に分かれていたら、別居や離婚する可能性も！　知らないうちに愛想をつかされないよう、気をつけたほうがいいかもしれません。

結婚線の見方

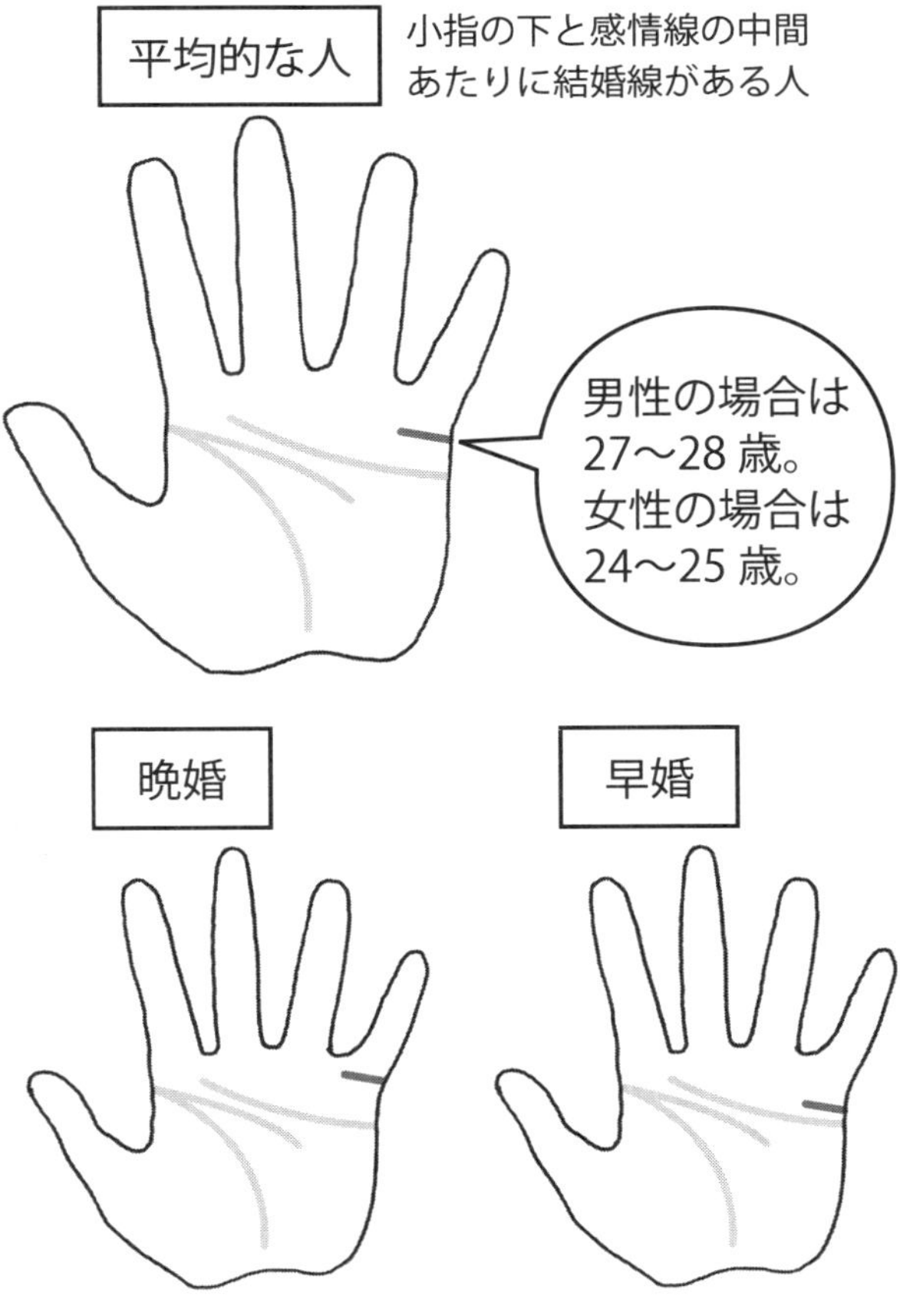
平均的な人
小指の下と感情線の中間あたりに結婚線がある人
男性の場合は27～28歳。女性の場合は24～25歳。
晩婚
早婚

◉「金運線」――コツコツ貯めるか、ドカンと儲けるか

感情線の上あたりから、まっすぐ上に伸びている線が「金運線」です。

これが小指と薬指の真ん中あたりに向かって伸びていたら、コツコツ貯蓄タイプ。少しずつ堅実に財を成していく相です。

もう少し薬指寄りにずれて、小指と薬指の中間くらいに伸びていたら、一度に大きく儲けるタイプ。投資による資金運用に向いている相です。

もし、「金運線」が何本もあったら、要注意。これはお金が出て行ってしまいやすい相なのです。お金の浪費に気をつけましょう。また「金運線」がくねくねと波打っている人は、財を成すのに時間がかかるタイプです。途中で諦めない忍耐が必要かもしれません。

金運線の見方

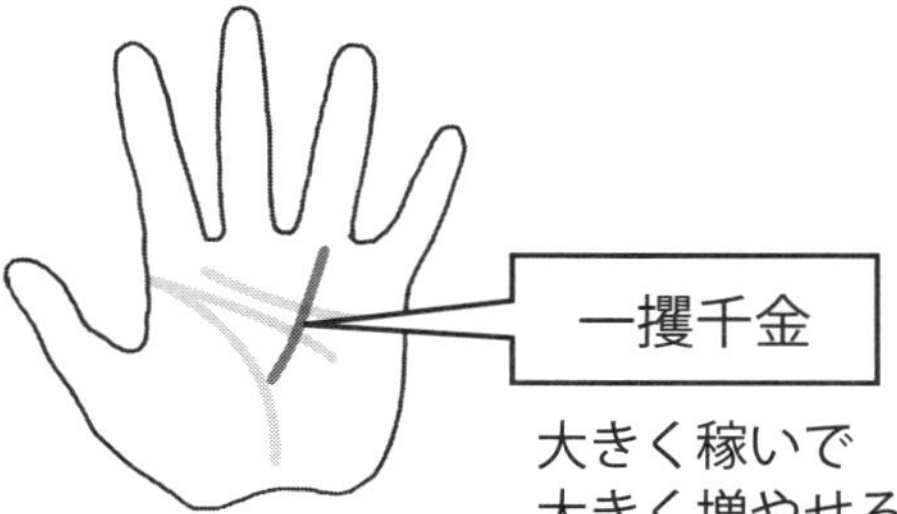

大きく稼いで
大きく増やせる！

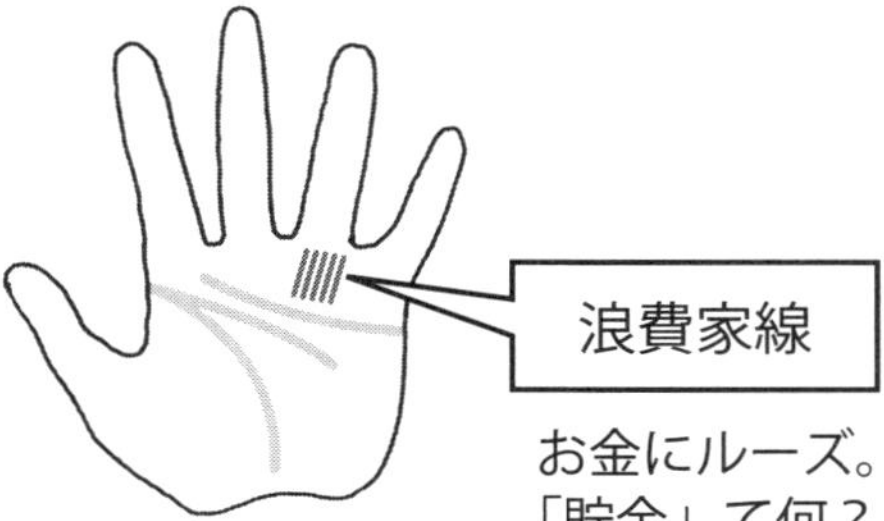

お金にルーズ。
「貯金」て何？

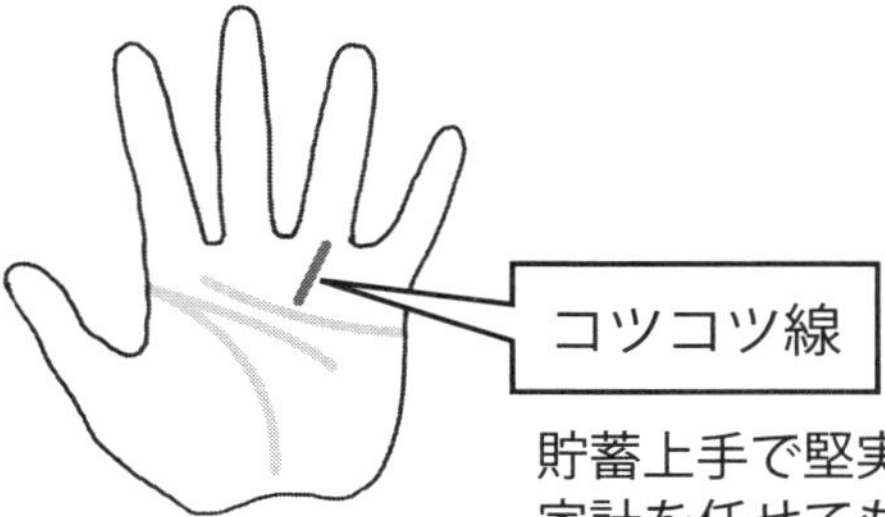

貯蓄上手で堅実。
家計を任せても安心！

◉「おしゃべり線」――社交性も長寿の元

僕が見てきた限り、90歳、100歳を超えても元気な人は例外なく、力強い生命線を持っていました。じつは、そんな力強い生命線に加えてもう一つ、元気で長生きの人に共通する線があります。

中指の付け根から、生命線の内側にかけて入っている線――「おしゃべり線」です。その名のとおり、これは人前で話すのが得意な人の相ですが、これが元気で長生きの方にも共通しているのです。ご長寿の方のご家族に聞いても、「うちのおばあちゃん、すごく話し好きなんですよ」とおっしゃっていました。

おしゃべりが大好き、人といるのが大好きという、社交的な相が出ている人は、長生きの傾向があるというのは、たしかにうなずける話です。

まず、社交的な人は活動的でもあると思うので、足腰は衰えにくいでしょう。

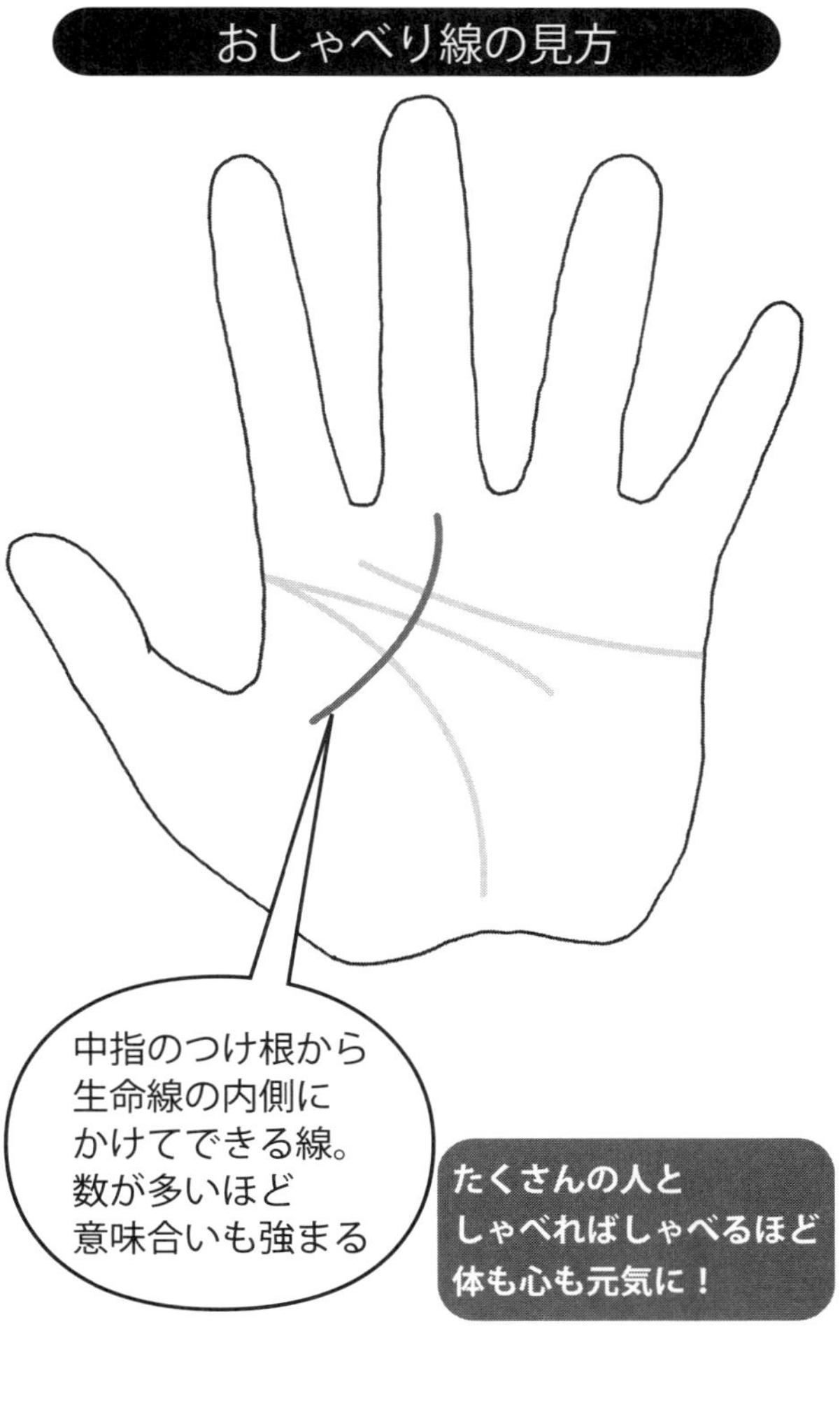
おしゃべり線の見方
中指のつけ根から
生命線の内側に
かけてできる線。
数が多いほど
意味合いも強まる
たくさんの人と
しゃべればしゃべるほど
体も心も元気に！

元気な長生きさんに共通する「おしゃべり」

また、おしゃべりをするには、考えていることを伝え、相手の話に耳を傾けて理解するという、コミュニケーション力が求められます。社交的なのは、活動的ということ。さらに、おしゃべりをすることで脳機能が保たれると考えれば、頭も体も元気で長生きしている人に共通して「おしゃべり線」が見られるのも、不思議ではないのです。

おしゃべりは、相手がいなければ成り立ちません。もし、お祖父さん、お祖母さんなど、これからも元気で長生きしてほしい人がいたら、たくさん話し相手になってあげるといいでしょう。

◉「神秘十字線」――神秘的な力に守られている相

手の平の真ん中に十字の線が入っていたら、それは「神秘十字線」と言います。

この線がある人は、強運の持ち主です。何か神秘的な力に守られているため、事故や災害にあっても無事だったりします。

考えるより感じる、直感に従うタイプなのも、神秘十字線のある人の特徴。迷ったときは、熟考して結論を出すより、直感でピンときたことや、ワクワクすることを選んだほうが、うまくいきやすいでしょう。

じつは、直感に従うこと自体が「運の強い人」の生き方とも言えます。

そのため、神秘十字線がない人も、「ついてないな」「何かうまくいかないな」というときは、神秘十字線のある人の真似をして、直感に従うといいでしょう。

神秘十字線の見方

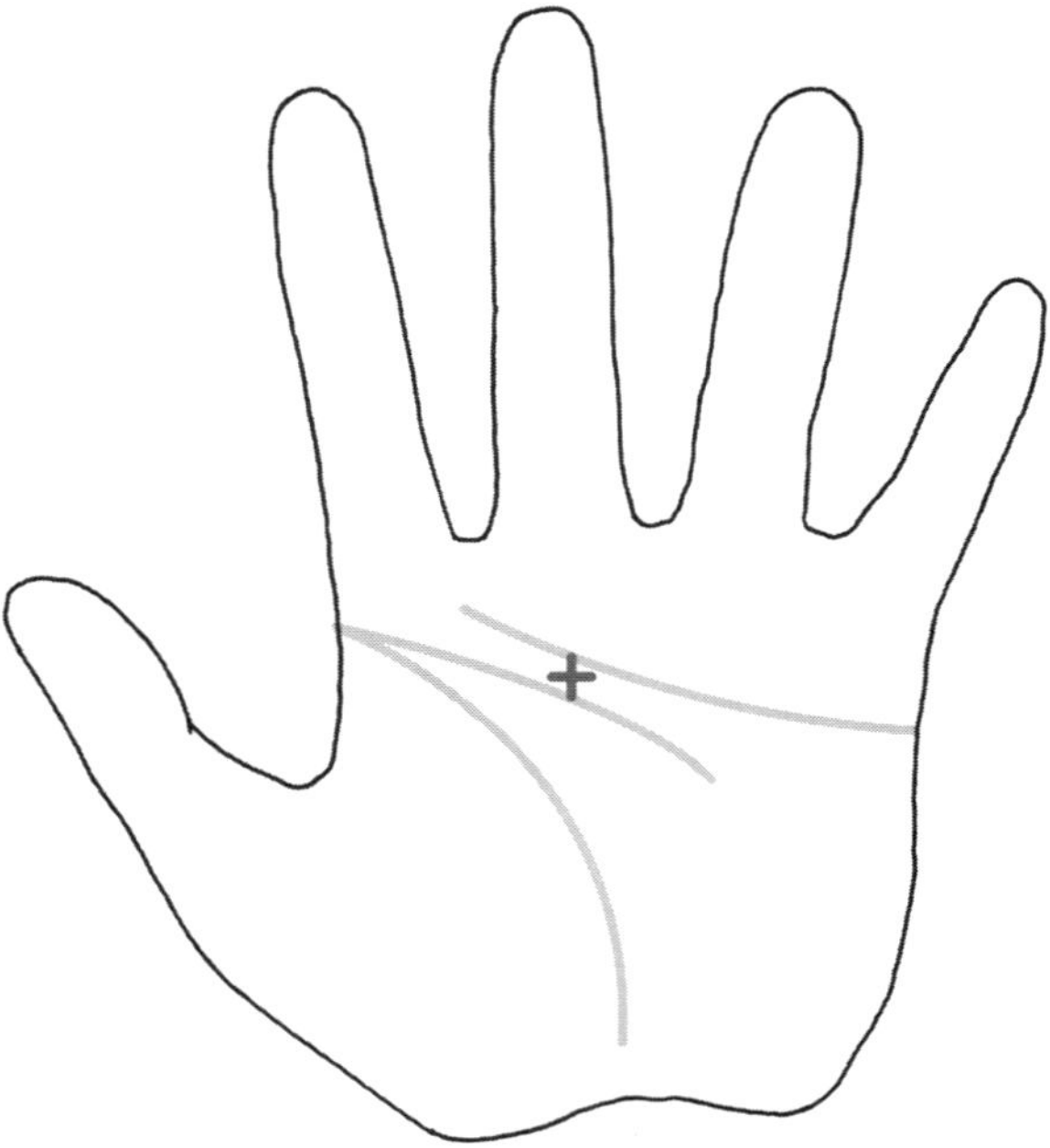

直感を信じて
動くほうがうまくいく！

◉「オタク線」――言い換えれば「一つのことに打ち込み、極める線」

メジャーリーガーのダルビッシュ有選手や田中将大《まさひろ》選手、松井秀喜さん。

レスリングの吉田沙保里選手。

世界で勝負しているスポーツ選手に共通していたのが、手の平の小指側の下のほうからピッピピッと入っている「オタク線」です。

スポーツは体が資本ですから、スポーツ選手のなかには、生命線が濃くて長い人や、二重に入っている人もいます。現役時代に鉄人と言われた金本知憲《ともあき》さん（現・阪神タイガース監督）は、生命線が三重。もっとすごいのは、レスリングの吉田沙保里選手などは生命線が四重！　さすが「霊長類最強の女」と言われた方ですね。

でも、こうした力強い生命線は、今まで見てきた一流スポーツ選手全員に共通しているわけではありません。

オタク線の見方

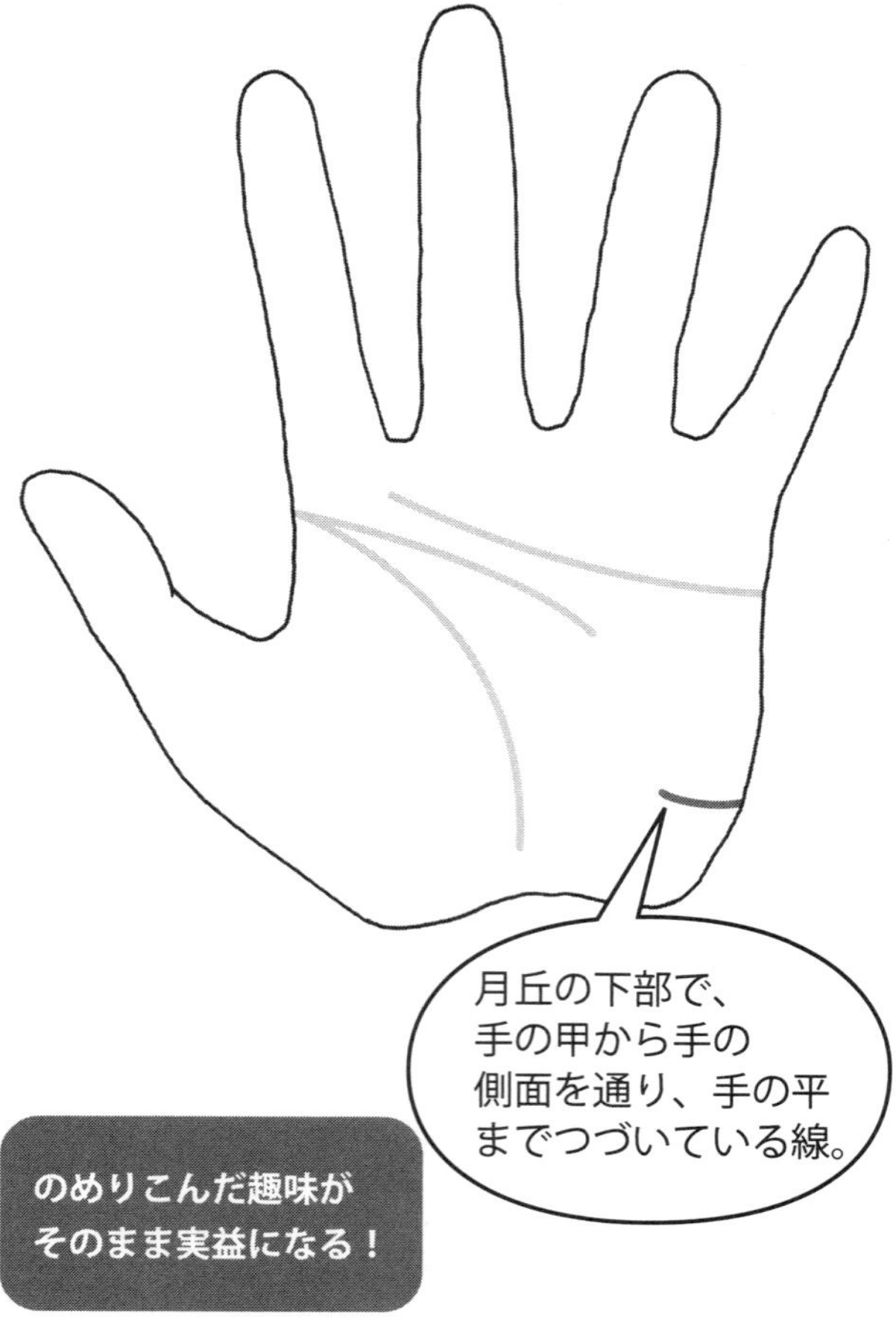
月丘の下部で、
手の甲から手の
側面を通り、手の平
までつづいている線。

**のめりこんだ趣味が
そのまま実益になる！**

一方、僕が見る限り例外なく見られたのが、「オタク線」だったのです。

「オタク」といえばインドア派の文化系というイメージが強く、スポーツ選手とはなかなか結びつかないでしょう。僕も、この線が一流のスポーツ選手に共通するとわかったときには意外に思いましたが、ちょっと考えたら納得できました。

一流の選手は、要するに一つの道を極めているわけで、一途にトップを目指すメンタリティが、ある種「オタク」と言えるのではないかと思ったのです。

毎日、試行錯誤しながらハードな練習をしていますから、「練習のオタク」とも言えます。

僕自身、「オタク線」にはちょっとネクラなイメージがあり、見つけると「自分の世界に入り込んで、自分の好きなことばかりやって、周りが見えなくなる困ったちゃんですね」なんて言っていました。

でも、今では「オタク線＝一つのことに打ち込む相」というふうに見方が変わっています。

◉「じゃじゃ馬線」「不思議ちゃん線」「よちよち幼児線」
——隠れたアイドル性の相？

あなたの頭脳線と生命線は、親指側の出発点のところでどうなっているでしょうか。

2本の線が、くっついていますか？　離れていますか？

もし、離れていたら、「KY（空気読めない）の相」、またの名を「じゃじゃ馬の相」が出ています。

というと、かなり印象が悪いかもしれませんが、ぜんぜん悪い相ではありません。

なぜなら、空気読めない、人の言うことを聞かない、というのは、周囲が何と言おうと自分を貫き通す強さの持ち主とも言えるからです。

芸能界だと、宝塚出身の女優さんや、AKB48などのグループアイドルに多く見られます。どちらも、「その他大勢」に埋没しないよう、個性を売っている人たちですから、うなずけます。

この「KY線」と並んでアイドルによく見られる線が、あと二つあります。

一つは、小指と薬指の間に入っている短い2本の縦線――「不思議ちゃん線」です。不思議ちゃんなので、ちょっと個性的で、周囲とは感覚が違います。と同時に、天然キャラで周囲を和ませる「癒し系」とも言えるでしょう。

もう一つは、人差し指の付け根から、刷毛《はけ》で刷《は》いたように数本、入っている短い縦線――「よちよち幼児線」です。

幼児のように甘えん坊な相ですが、同時に、周囲の人に愛される、いつまでも若い気持ちを保つといった特徴もあります。

手相は、どの線がよくて、どの線が悪い、という話ではありません。線は、よしあしではなく個性や特徴を示しているため、悪い線だと思ったことでも、見方を変えれば自分の武器になります。

この「よちよち幼児線」なども例外ではありません。

武器にできる個性のある線

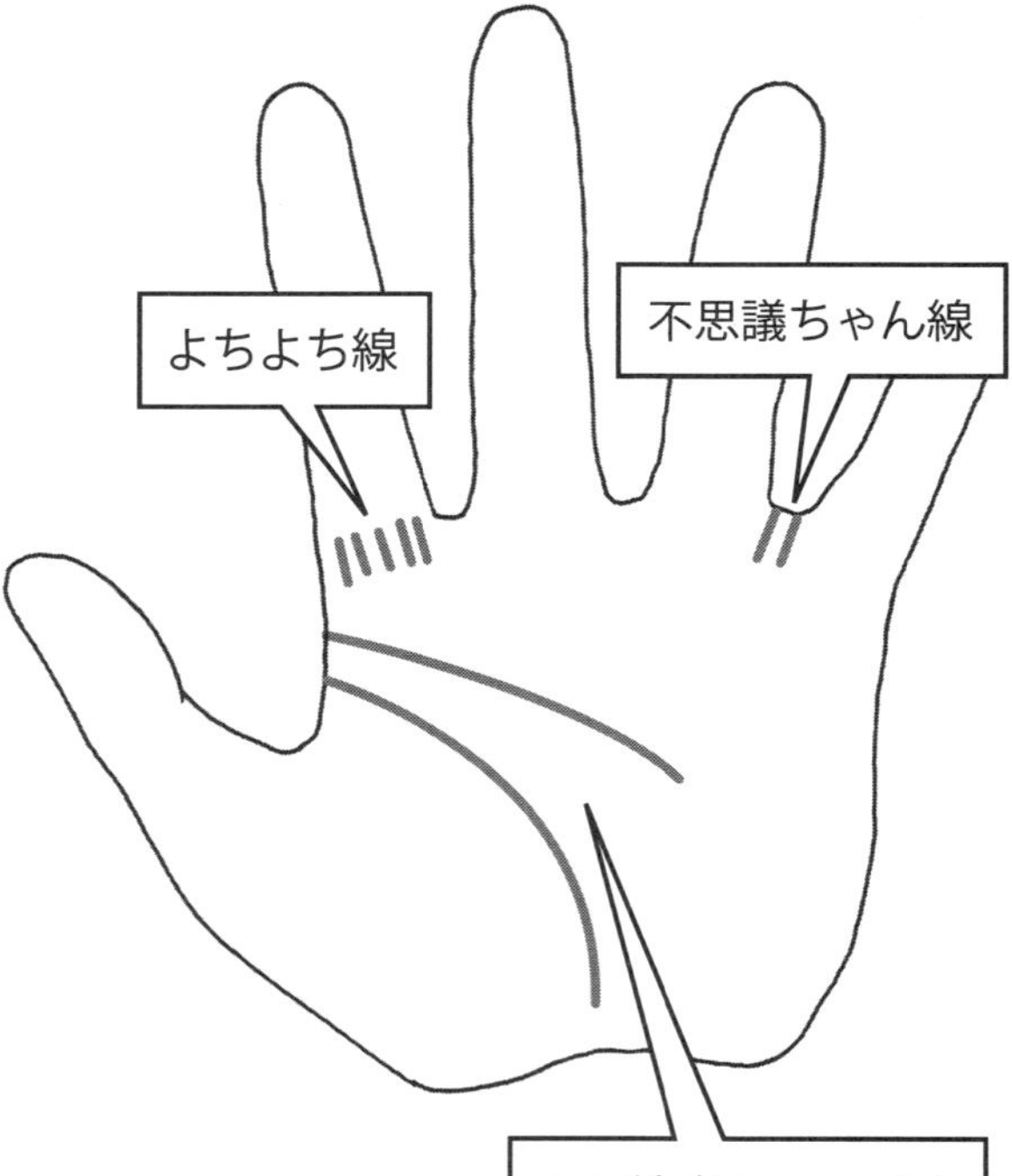

男性にチヤホヤされるのが大好き！
広い心をもってお付き合いを！

大人になっても幼児性が残っているというのは、一見、よくない特徴のようですが、すでにお話ししたように、その幼児性によって周囲から愛されたり、いつまでも若い気持ちを保ったりもできる、ということです。

この三つの線が、すべて出ている人。自分では自覚がなくても、どこかに我の強さや、一風変わった個性、愛されキャラ、癒しキャラといったアイドル性が潜んでいるかもしれません。

◉「運命線」――自分にふさわしい成功のヒントがここにある！

中指の付け根あたりから、縦真っ直ぐに入っている線は、「運命線」です。

運命線は、その名のとおり、人生の浮き沈み、仕事運などがわかる線。別名「成功線」とも言われており、くっきりと濃く入っているほど大成するとされています。

運命線は、生命線、頭脳線、感情線と並ぶ手相の基本線の一つですが、入っていない人もいます。

では、運命線が入っていない人は成功の見込みがないのかというと、そういうことではありません。運命線が示しているのは、人の中心で華々しく活躍するとか、会社を興して大成功する、といった限られた成功像だからです。

それ以外にも、成功にはいろいろな形がありますよね。目立たなくても重要な仕事を極めて評価される場合もありますし、トップの参謀《さんぼう》役として、欠かせない存在にな

運命線の見方

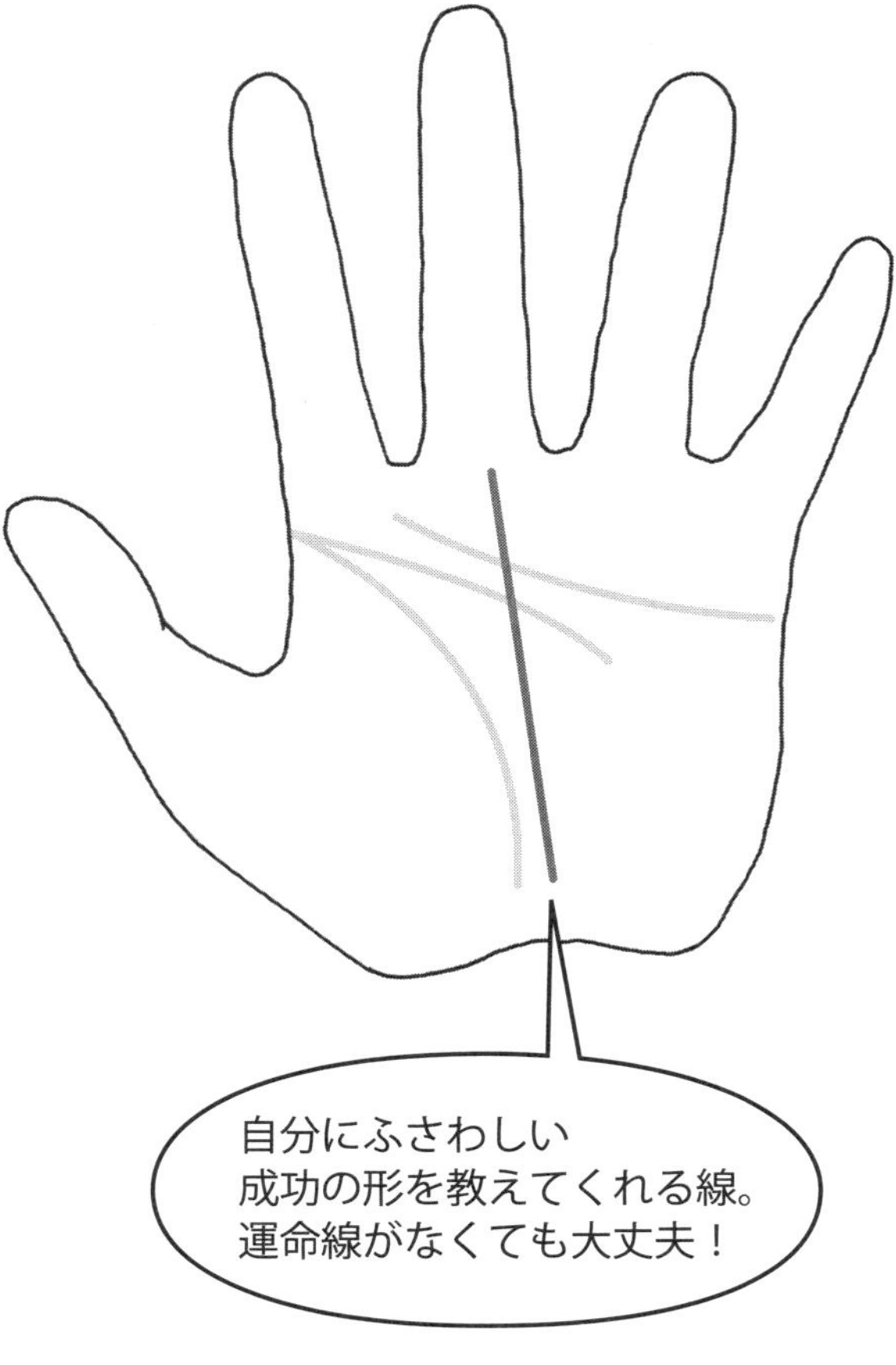

自分にふさわしい
成功の形を教えてくれる線。
運命線がなくても大丈夫！

運命線が、自分に合った成功の形を教えてくれる

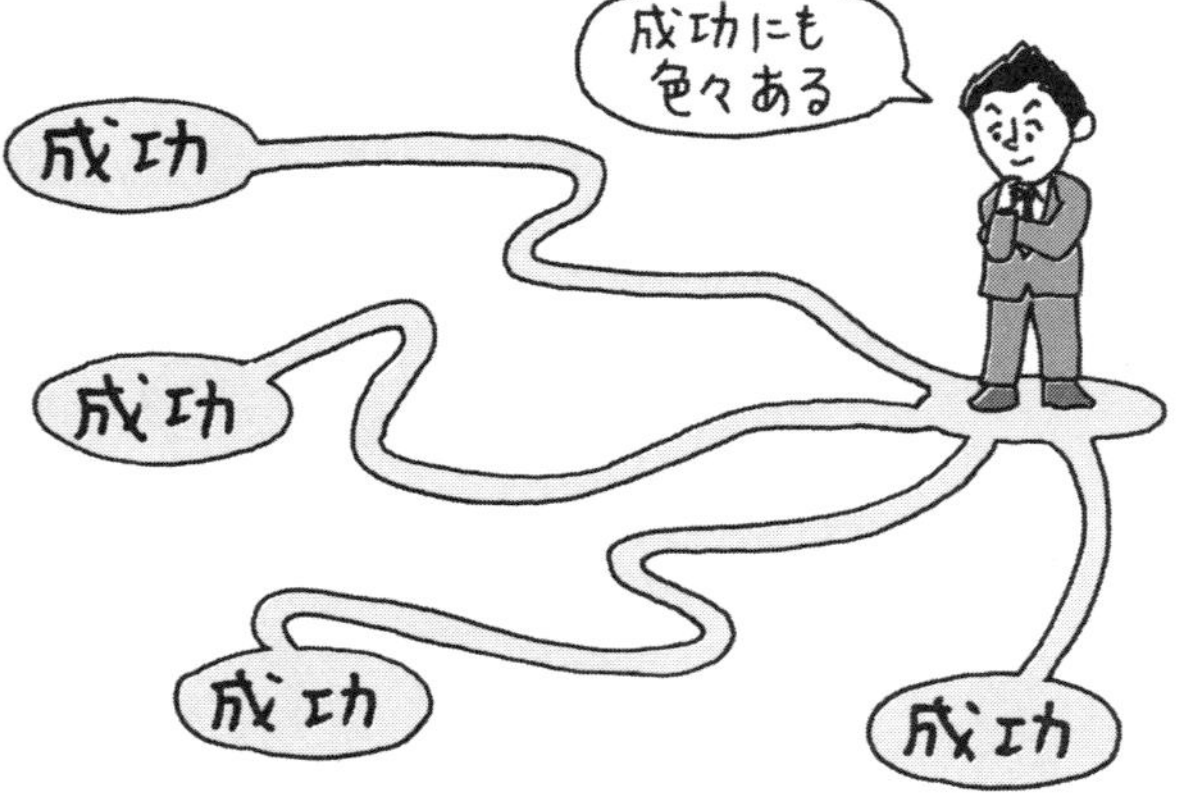

る場合もあります。

運命線のない場合は、どちらかというと、後者のような成功を収める相と言えます。

つまり、運命線とは、自分にふさわしい成功の形を教えてくれる線。この線の有無は、自分はどんな成功を目指したらいいかを見定める、一つの参考にもなるでしょう。

おわりに

『島田秀平が3万人の手相を見てわかった！「強運」の鍛え方』を、最後までお読みくださいまして、誠にありがとうございました。

「運との上手なつき合い方」が、なんとなくでもお分かりいただけたら、とてもうれしいです。

「運の鍛え方」を、諸先輩方の例を出しながら述べさせていただきましたが、あまり肩肘張らずに、大らかに楽しみながら目の前の出来事に対応できたら、きっと素敵な人生が開けると思います。

たとえば、こんな出来事も……。

ある日
くるっぽ
ペチョ
今日は初デート
ウキウキ
うえーん
これじゃ彼女に嫌われる…
おうちに帰ろう…
ついてないからデートもきっとうまくいかない…
もしもし、今日のデートキャンセルさせて下さい
ゴメンン…
くるっぽ
えー!?ドタキャンなんてありえない!サイテー!さよなら!
ブツッ
ふられたー

翌月

くるっぽ
ペチョ
失恋を乗り越え今日は(別のコと)初デート!
新しい心の始ま…
マズい!これじゃ前回と一緒じゃないか…
No!
何の因果!?
仕方ない…臭いけどとりあえず向かおう…
もわ〜ん
ドタキャンしたらフラれるし
ごめーん、トリにウンチ落とされちゃって…
プ〜ン
ごめん、急用思い出したから帰るね
デートにウンチつけてくるなんてありえないし
またフラれた…

翌々月
今日のデートこそは！
くるっぽ
ペチョ
さっ
ペチョ
何度も同じテは…
ヤバイ。3度目のウンチ！
ここまできたら
おもしろすぎ！このままデート行こ！
見てよ！トリにウンチ落とされたよ
アハハ
初デートにウンチ！しかも気にしてない！大らかすぎ！
えっ
拭いてあげるよ。気にせず出かけましょ
ありがとう
ウンチのおかげで仲良くなれた！

なんだかつまらない例でごめんなさい。

僕がこのマンガで皆さんにお伝えしたかったのは**「不運なんて、ない」**ということ。仕事や恋愛がうまくいかなかったり、何をやっても調子が出なかったり、「いいことなんて何にもない。自分はなんて運が悪いんだろう」と落ち込むことが、人生にはたくさんあると思います。でも、大丈夫。どんな出来事も、受け止め方や対応の仕方で、チャンスに変えることもできれば、良いご縁に広げることもできるのです。

目の前の結果にとらわれてクヨクヨせずに、大きなタームで物事を見てみてください。すると、一見不運に思えた出来事が、未来の幸運の種になっていたりもするのです。

「不運なんて、ない」「人生は本当におもしろい」。これこそが、僕が3万人の手相を見て学んだ、**「強運マインド」**そのものです。

二〇一七年　新春

手相芸人　島田秀平

著者略歴

島田秀平（しまだ・しゅうへい）

1977年12月５日生まれ。長野県出身。手相芸人。2002年、仕事で知り合った「原宿の母」に弟子入り。芸人活動の傍らで手相の修行を積み、2007年に「代々木の甥」を襲名。特異な才能に溢れる芸能人の手相を片っぱしから鑑定し、ユーモアあふれる「島田流手相術」を完成。「エロ線」「ギャンブル線」「不思議ちゃん線」など、誰もがわかりやすいネーミングが話題を呼ぶ。手相占いの他、パワースポット・都市伝説・怪談にも精通しており、現在、テレビ・雑誌等で活躍中。著書の『島田秀平の手相占い』シリーズ（河出書房新社）は、累計80万部以上を売り上げるベストセラーに。2016年より、大妻女子大学OMA講師に就任。ホリプロコム所属。

SB新書　377

島田秀平《しまだしゅうへい》が３万人《まんにん》の手相《てそう》を見《み》てわかった！

「強運《きょううん》」の鍛《きた》え方《かた》

2017年1月15日　初版第1刷発行
2017年3月30日　初版第6刷発行

著　者　島田秀平《しまだしゅうへい》

発行者　小川 淳

発行所　SBクリエイティブ株式会社
〒106-0032　東京都港区六本木2-4-5
電話：03-5549-1201（営業部）

装　幀　長坂勇司（nagasaka design）

本文デザイン　三村　漢（niwa no niwa）

編集協力　福島結実子

協　力　髙田敏之（ホリプロコム）

イラスト　堀江篤史

印刷・製本　大日本印刷株式会社

組　版　株式会社キャップス

ISBN 978-4-7973-8953-1

身近な疑問から
はじめるマーケティング

『これ、いったいどうやったら
売れるんですか？』

永井孝尚

定価：本体価格800円＋税　ISBN978-4-7973-8895-4